Familjenöjen i Thailand

– de bästa utflyktsmålen i de populäraste turistorterna
i Thailand

Till MJ

ERIC ARCHER

Familjenöjen i Thailand

– de bästa utflyktsmålen i de populäraste turistorterna i Thailand

Översättning av Kaj Jordison

Asia Revealed Publishing Company

Copy Right Asia Revealed Publishing Company
All rights reserved. No textual part of this publication may be reproduced, stored in a retrieval system, or transmitted, in any form or by any means, without the prior permission in writing from the publisher, nor be otherwise circulated in any form of binding or cover other than that in which it is published without a similar condition of approval.

©Asia Revealed Publishing Company
Omslag: Asia Revealed Publishing Company
Förlag: Asia Revealed Publishing Company,
Weston-super-Mare, United Kingdom
Tryck: Ingram/Lightning Source, 2017
ISBN 978-1-912414-06-2

Innehåll

FÖRORD 13
BANGKOK 15
   Art in Paradise 16
   Children's Discovery Museum 16
   Dinosaur Planet 17
   Dream World 18
   Dusit Zoo 19
   Escape Rooms Bangkok 20
   Fantasia Lagoon/Paradise Water Park 21
   Fiske 22
   Flow House Bangkok 23
   Funarium 24
   Harbin Ice Wonderland 25
   Imaginia Playland & Benjasiri Park 25
   KidZania 26
   Leoland Water Park & Mega Bangna 27
   Lumpiniparken 28
   Madame Tussauds 29
   Safari World 30
   Samut Prakarn Crocodile Farm and Zoo 31
   Sea Life Bangkok Ocean World 32
   Siam Niramit Show 32
   Skridskoåkning 33
   Snake Farm 34
   Snow Town & Kidzoona 35

Suan Siam Water Park/Siam Park City 36
Wakeboarding 37
Yoyo Land 38
CHIANG MAI 39
Art in Paradise 40
Bad och vattenlek 40
    Vattenfallen i Chiang Mai 40
    San Kamphaeng Hot Springs 41
Chiang Mai X-Centre 42
Chiang Mai Zoo & Aquarium 43
    Chiang Mai Zoo 43
    Chiang Mai Aquarium 44
Doi Suthep 44
Elefantbesök 45
    Elephant Nature Park 45
    Patara Elephant Farm 46
    Mae Sa Elephant Camp 47
Flight of the Gibbon 47
Flygturer över Chiang Mai 48
Forsränning 48
    White Water Rafting 49
    Bamboo Rafting 49
Grottor 50
    Muang On Cave 50
    Chiang Dao Caves 50
Jungle Bungy Jump 51

Mae Sa Snake Farm 52
Minigolf 53
   Inter Minigolf 53
   Hansa Minigolf: Discover the World of Wonders 53
Nattsafari 54
Night Bazaar 55
Queen Sirikit Botanic Garden 56
Segway genom Chiang Mai 56
Skridskoåkning och shopping 57
Tiger Kingdom 57
Tubing på floden Mae Ping 59

HUA HIN & CHA-AM 60
Black Mountain Mini Golf & Wakeboard Park 61
Black Sheep Farm 61
Camel Republic Cha-Am 62
Cha-Am ATV Park 63
Fiske- och båtturer 64
Go Kart Hua Hin 65
Havs- och strandaktiviteter 65
Hua Hin Horse Club 66
Hua Hin Safari & Adventure Park 67
Huai Sai Wildlife Breeding Centre 68
Hutsadin Elephant Foundation 68
Kampsport och fitness för barn och vuxna 69
Khao Takiab och Aptemplet 70
Magic Balloon Park 70

Marknader i Hua Hin ... 71
    Hua Hin Night Market & Chatsila Night Market ... 71
    Cicada Market ... 72
    Grand Market Hua Hin ... 72
    Plaern Wan Shopping Village ... 73
    Hua Hin Market Village och Blu'Port ... 73
Nationalparker ... 74
    Vattenfallen i Pala-U ... 74
    Khao Sam Roi Yot ... 75
Paramotor Flying Hua Hin ... 76
Santorini Park Cha-Am ... 76
Swiss Sheep Farm Cha-Am ... 77
Vattenparker ... 78
    Black Mountain Water Park ... 78
    Santorini Water Fantasy ... 79
    Vana Nava Hua Hin Water Park ... 80
The Venezia ... 81
Waghor Aquarium ... 81

PHUKET ... 83
Djurshower ... 84
Elefanttrekking ... 84
Escape Rooms i Phuket ... 84
Fiske ... 85
Forsränning: White Water Rafting ... 86
Hästridning ... 86
    Phuket International Horse Club ... 87

Kids Club Phuket 87
Minigolf i Phuket 88
    Minigolf at Dino Park 88
    Football Crazy Golf 89
    Phuket Adventure Minigolf 89
Museer i Phuket 90
    Thalang National Museum 90
    Phuket Mining Museum i Kathu 90
    Phuket Seashell Museum 90
Paramotor Flying Phuket 91
Patong Go-Kart Speedway 91
Phuket Aquarium 92
Phuket Bird Park 93
Phuket FantaSea 93
Phuket Trickeye Museum 94
Shoppingcentrum 95
Jungceylon Shopping Mall 95
    Central Festival Phuket 96
Siam Niramit Show 96
Splash Jungle Water Park 97
Surf House Phuket 98
Tiger Kingdom Phuket 98
Uppochnedvända huset: Baan Teelanka 99
Wakeboarding 100
    Phuket Wake Park 100
    Anthem Wake Park 101

Linbanor: Flying Hanuman & Phuket Xtream Adventures Park 102
Zoorbing at Rollerball 103
Öliv 103

FÖRORD

Det finns mycket att skriva om när det kommer till att resa i Thailand. Man skulle kunna fylla hundratals med sidor om de olika stränderna, de bästa dykmöjligheterna, de vackraste korallreven och de mest spännande båtturerna. Likaså skulle man kunna fylla ytterligare ett par hundra sidor om kulturen, sederna och religionen. Och så ytterligare ett par hundra om shoppingen och utelivet, för att inte nämna maten och alla restaurangerna. Materialet måste helt enkelt sållas för att bli överblickbart och i denna bok handlar det uteslutande om nöjen och utflyktsmål som hela familjen kan uppskatta tillsammans.

Det mesta av materialet kan bli funnet på internet, men att söka sig fram till det är i många fall svårt, och det händer dessutom att innehållet skiljer sig åt mellan de olika webbsidorna. En annan stötesten är att den relevanta informationen ofta har blandats samman med en massa störande reklam. Mitt mål med denna bok är helt enkelt att skala bort alla oväsentligheter och presentera vad som faktiskt finns att göra, vad det kostar och hur man lättast tar sig dit. En rak framställning som tar upp det man verkligen behöver veta när man är ute och reser med familjen.

Priserna som nämns är de som gäller för år 2017/18. Dessvärre ändras dessa ibland godtyckligt, och för den noggranne resenären rekommenderas det att besöka de olika utflyktsmålens hemsidor eller Facebook-sidor innan man sätter av från hotellet. Trots att aktiviteterna som sammanställts, och inte minst Thailand överlag, är så att säga "open for business" året runt, kan det vara lönt att även kolla om öppettiderna har ändrats.

Städerna som presenteras är Bangkok, Chiang Mai, Hua Hin och Cha-Am samt Phuket. Utflyktsmålen för respektive stad är inte grupperade enligt någon övergripande princip utan listas i bokstavsordning. Ytterligare information som kan vara bra att veta är att nästan samtliga utflyktsmål är så kallade permanenta installationer. Det vill säga att det inte handlar om mindre marknader eller tillfälliga shower, utan i många fall har ansenliga summor investerats och man behöver inte oroa sig för att man dyker upp och finner att stället har stängts eller flyttats till en annan plats – dock rekommenderas det än en gång att besöka företagens och organisationernas webbsidor innan man startar bilen eller vinkar in sin taxi. Inte minst för att ta sig en närmare titt på vägbeskrivningarna.

För övrigt kan det tilläggas att det finns vissa moraliska aspekter av att presentera och indirekt göra reklam för olika djurshower i Thailand. Många av dem är under all kritik och med jämna mellanrum dyker det upp skräckhistorier i pressen om vanvård av djur. I denna bok figurerar det ett par utflyktsmål som just har djur i fokus. De som nämns håller emellertid en hög standard, i synnerhet i jämförelse med de många som utelämnats. Dock kan Tiger Kingdom i Chiang Mai och Phuket få vissa besökare att känna sig lite olustiga. Inte på grund av vanvård, utan för att det är omöjligt att släppa tama tigrar fria.

BANGKOK

Bangkok är motsatsernas stad. Å ena sidan en av Sydostasiens största och trendigaste metropoler, å andra sidan en plats som fortfarande lever i historien. Genom att enbart korsa en gata kan man i många fall gå från ett neonlysande shoppingcentrum till ett rofyllt tempel, och det är i just denna mix Bangkoks charm ligger. För trots att staden har mer än tio miljoner invånare så känns den aldrig riktigt stressig eller opersonlig. Kombinationen av nytt och gammalt, av moderniteter och buddhistiska traditioner, har skapat en plats som fullkomligt sjuder av liv och under den oborstade ytan, som på avstånd kan framstå som både kaotisk och farlig, ryms så väl gästfrihet som trygghet och nyfikenhet. Med undantag av trafiken lurar det inte många faror för den äventyrliga familjen, vilket möjliggör ett reservationslöst utforskande av allt vad denna fascinerande storstad har att erbjuda.

Bangkokborna själva har en förkärlek för köpcentrum, mycket på grund av den stundtals tryckande värmen. Detta har lett till att köpcentrumen i Bangkok inte bara är platser man går till för att shoppa, utan många av dem har även förvandlats till regelrätta nöjesfält med allt från imponerande vattenparker till fashionabla skridskorinkar och mindre bondgårdar. Utspritt mellan våningsplanen kan man alltid hitta något som passar alla i familjen.

I annat fall kan man söka sig mot Bangkoks utkanter, där de riktigt stora utflyktsmålen ligger.

Art in Paradise

Art in Paradise är ett galleri med interaktiva 3D-målningar, fast då inte hologram, utan i form av faktiska tavlor. Vad det handlar om är att skapa illusionen av att betraktaren stiger in i konstverken. Målningarna är mycket stora, täcker i många fall hela väggar och halva golv, och erbjuder makalösa fotomöjligheter där man själv så att säga blir en del av motivet. Vid flera av väggtavlorna finns det även instruktioner om hur man bör placera sin kropp för att på bästa möjliga sätt skapa illusionen av att befinna sig inuti själva kompositionen. Synvillorna är fantastiska och kommer att få hela familjen att fascineras över slutresultaten. Man skulle kunna säga att samtliga målningar på Art in Paradise är ofullständiga fram till dess att någon tar del av dem. På området har man även slagit upp en ny multimediasektion där man kan skapa och lära sig om olika kreativa forum. För övrigt kan utflykten kombineras med andra aktiviteter på plats eftersom Art in Paradise ligger i shoppingcentrumet The Esplanade, som bland annat har en stor och fin skridskorink.

Vägbeskrivning: Till Art in Paradise tar man sig lättast med tunnelbana. Art in Paradise ligger på våning 4 i shoppingcentrumet The Esplanade, bredvid tunnelbanestationen Thailand Cultural Centre.

Öppettider: Dagligen 09.00 – 21.00.

Inträde: Vuxna 400 baht. Barn 200 baht. Gratis inträde för barn under 100 cm.

Children's Discovery Museum

Barnens eget upptäckarmuseum har funnits en längre tid i Bangkok, men under 2014 investerades en större summa pengar i utställningarna och höjde nivån rejält. Nu är det en innovativ plats för både unga och gamla. Det finns tillräckligt med underhållande aktiviteter för att räcka hela dagen. Exempelvis kan man lära sig om arkeologi genom att gräva fram dinosaurieben i sektionen Dino Detective Park. Eller varför inte gå till vetenskapssektionen där man bland annat får testa på att blåsa upp jättebubblor inifrån själva bubblan samt lära sig om kroppen och alla dess funktioner genom interaktiva utställningar. För de yngre i familjen finns området Build Our City, som erbjuder besökarna möjligheten att skapa sina egna ministäder. Children's Discovery Museum är helt enkelt ett museum som låter barnen nudda och upptäcka istället för att enbart passivt betrakta. Därtill har de en modern lekplats med en spännande labyrint som heter The Pyramid Net, och utomhus kan man leka i sprutande fontäner och grunda pooler. Ta med egen handduk och ombyte. På helgerna kan ett besök till Children's Discovery Museum kombineras med en tripp till den världsberömda marknaden Chatuchak Weekend Market, som är en av de största i Sydostasien.

Vägbeskrivning: Till Children's Discovery Museum tar man sig lättast med skytrain eller tunnelbana. Med skytrain stiger man av på slutstationen Mo Chit på Sukhumvitlinjen och går hundratalet meter in på Chatuchakparkens södra ände. Med tunnelbana stiger man av på stationen Chatuchak, som ligger i direkt anslutning till parken.

Öppettider: Dagligen 10.00 – 16.00.

Inträde: Vuxna och barn gratis (ibland kan en mindre avgift förekomma för vissa aktiviteter).

Dinosaur Planet

Efter flera års arbete, och med över 500 miljoner baht investerade, slog Dinosaur Planet upp portarna för en första gång 2015. Målsättningen var att skapa den bästa Edutainmentplatsen om dinosaurier i hela Sydostasien. Och på området, som ligger i centrala Bangkok, har thailändarnas ständiga intresse för dinosaurier nu nått helt nya nivåer. Här finns ett dinosauriemuseum, teaterföreställningar om dinosaurier, ett slags "escape the room"-äventyr med dinosaurier, 4D-bio om dinosaurier och ett gigantiskt pariserhjul, bredvid ett antal mindre karuseller, som spinner vidare på dinosaurietemat. Man behöver inte ens vara intresserad av dinosaurier för att tycka att det är kul och spännande!

Vägbeskrivning: Till Dinosaur Planet tar man sig lättast med skytrain. Stig av på stationen Phrom Phong på Sukhumvitlinjen. Området ligger bredvid Emporium Shopping Mall.

Öppettider: Dagligen 10.00 – 22.00 (ett besök gör sig bäst på kvällen).

Inträde: Vuxna 600 baht. Barn 400 baht. Gratis inträde för barn under 90 centimeter.

Dream World

Strax utanför Bangkoks norra gränser, i den angränsande förstaden Rangsit, ligger Dream World. Detta är en nöjespark med många ansikten. Dels består den av en tivolidel med klassiska karuseller, bergochdalbanor, spökhus och olika former av forsränning, till exempel The Grand Canyon och Super Splash. Och dels finns där en större vattenpark med lekställningar och fontäner. Vad som gör Dream World extra speciellt är att tivolit och vattenparken även kombinerats med ett mycket underhållande minizoo. På The Animal Farm kan man komma djuren nära och se trevliga shower med bland annat välmående och väldresserade katter, hundar och hästar. Missa inte tillfället att gå in i den enorma fågelburen för att mata papegojorna, som i många fall är mer intresserade av att nypa folk i öronen än av fröna som erbjuds! På området finns det även en 4D-bio samt flera spännande föreställningar. En av de mer spektakulära heter Hollywood Action. I denna show får publiken ta del av en låtsasfilminspelning av en actionfilm. Det bjuds på explosioner, stunttricks, slagsmål och allt annat som vanligtvis ingår i en actionpackad Hollywoodrulle. Dream World kan även stoltsera med att ha Thailands första riktiga Snow Town. I mitten av parken har ett nedkylt snölandskap byggts upp med tillhörande pulkabacke. Temperaturen är -4 grader. Man får låna ytterkläder och pulka på plats.

Vägbeskrivning: Till Dream World tar man sig lättast med taxi. Man kan även åka skytrain till slutstationen Mo Chit på Sukhumvitlinjen, eller med tunnelbana till stationen Phahon Yothin eller Lat Phrao, och därifrån fortsätta den sista biten med taxi.

Öppettider: Dagligen 10.00 – 17.00. Förlängda öppettider på nationella helgdagar.

Inträde: Barn och vuxna 550 baht. Gratis inträde för barn under 90 cm. I priset ingår de flesta karuseller och aktiviteter med undantag av Snow Town, Animal Farm och Vattenparken.

Dusit Zoo

Att besöka ett zoo utanför Sverige kan ibland bli en besvärande och smått deprimerande upplevelse. Djur i för trånga och smutsiga burar, opassande miljöer, outbildad personal samt för stort fokus på underhållningen är några av problemen man kan komma att erfara. Detta är dock inte fallet med Bangkoks största djurpark Dusit Zoo, som står under både statlig förvaltning och så kallat kungligt beskydd. Parken är av en hög standard och djuren välmående och friska. Dusit Zoo erbjuder även diverse djurshower, exempelvis sälshowen, där publiken bjuds på många tricks och skratt. Andra roliga och intressanta upplevelser är djurmatning och hajfiske med revar utan krok. Det stora området för diverse vattenlevande arter, reptiler, spindlar och ormar håller likaså en mycket hög klass och är både informativt och intressant. På Dusit Zoo kan man hyra cyklar för att ta sig runt. Det finns även trampbåtar att hyra med vilka man kan paddla omkring i den lilla sjön i mitten av parken. Denna sjö är fylld av gigantiska varaner, karpar och sköldpaddor som man kan mata. Ett besök till Dusit Zoo gör sig bäst på helgen eftersom det då finns fler inplanerade föreställningar och shower.

Vägbeskrivning: Till Dusit Zoo tar man sig lättast med taxi eller tuk-tuk. Man kan även åka skytrain till stationen Phayatai på Sukhumvitlinjen, och därifrån fortsätta den sista biten med taxi eller tuk-tuk.

Öppettider: Dagligen 08.00 – 18.00.

Inträde: Vuxna 100 baht. Barn 50 baht.

Escape Rooms Bangkok

Ett relativt nytt tillägg till Bangkoks alla turistattraktioner är de tre stora Escape the Room-äventyren. Detta koncept finns även i andra länder, och samtliga arrangörer i Bangkok är franchiseföretag av internationella bolag med en professionell och hög standard. Spelen går ut på att man ska lösa ledtrådar och nysta upp mysterier eller begångna brott i slutna rum. Rummen kommer i flera olika former och stilar. Vissa har ett skräcktema, andra är uppbyggda likt klassiska mordgåtor och ytterligare några utspelar sig i framtiden. Man behöver inte oroa sig för att fastna på någon av ledtrådarna eller gåtorna då samtliga rum är utrustade med kameror som gör att man kan be om hjälp. Man kan även välja mellan olika svårighetsgrader. Spänningsfaktorn är mycket hög och det gäller att samarbeta för att lista ut hur man ska gå vidare. Vad som skiljer dem åt är att Escape Room Bangkok har fler läskiga rum med skräcktema, vilket kan vara opassande för yngre barn. Rekommenderad lägsta ålder hos dem alla är 7 år. Samtliga arrangörer av Escape Rooms har placerat sina lokaler i välkända shoppingcentrum, vilket kan göra vistelsen till en heldagsutflykt. I synnerhet om man besöker Escape Rooms Bangkok eftersom det ligger i ett av Thailands kanske mest kända lågprisshoppingcentrum, nämligen MBK.

Vägbeskrivning: The Escape Hunt Experience ligger strax utanför skytrainstationen Asoke, utgång 6 mot Interchange 21 Tower Building. Man kan även åka till tunnelbanestationen Sukhumvit.

Vägbeskrivning: Ticket to Mystery ligger i shoppingcentrumet Gateway Ekkamai bredvid skytrainstationen Ekkamai på Sukhumvitlinjen.

Vägbeskrivning: Escape Room Bangkok ligger i shoppingcentrumet MBK bredvid skytrainstationen Siam samt i direkt anslutning till skytrainstationen National Stadium på Silomlinjen.

Öppettider: The Escape Hunt Experience dagligen 10.00 – 19.00. Escape Room Bangkok dagligen 10.15 – 21.30. Ticket to Mystery dagligen 10.30 – 21.00.

Inträde: The Escape Hunt Experience 900 baht per spelare. Escape Room Bangkok 550 baht per spelare. Ticket to Mystery 800 baht per spelare.

Fantasia Lagoon/Paradise Water Park

I Bangkoks tryckande värme kan det vara skönt att få svalka av sig lite, och då kan en tripp till Fantasia Lagoon (också känt som Paradise Water Park) på taket av shoppingcentrumet The Mall Bangkae vara värt ett besök. Dessutom är denna vattenpark mycket närmare centrala Bangkok än exempelvis Suan Siam Water Park, och inte minst till ett mycket lägre pris. Inträdet är endast 100 baht och för denna summa får man uppleva ett stort vattenland uppdelat i flera lekzoner för barn i varierande åldrar: Fantasy Fountain för de allra yngsta, Pirate Cove och The Slider Tower för de lite mer vågade samt Magic Jungle, Mystery Island och Ocean 10 för alla däremellan. Vattenlek och aktiviteter blandas med barnunderhållning i form av magi- och ballongshower, som man kan avnjuta medan man flyter runt i Lazy River på enorma badringar. På området finns det mat- och glasserveringar. I och med att Fantasia Lagoon ligger på taket av ett shoppingcentrum kan man även, efter att ha badat klart, roa sig i spel- och lekzonen på våningsplanet rakt under poolerna. Där har man dessutom uppfört en så kallad Cartoon Town med hus och lekställningar byggda i bästa tecknade stil med det välvda taket målat som en vacker sommardag. Det har till och med monterats upp ett litet inomhusvattenfall.

Vägbeskrivning: Till The Mall Bangkae/Fantasia Lagoon i utkanten av västra Bangkok tar man sig lättast med taxi. Man kan även åka skytrain till slutstationen Bangwa på Silomlinjen, och därifrån fortsätta den sista biten med taxi eller tuk-tuk.

Öppettider: Måndag till fredag 10.30 – 22.00. Lördag och söndag 10.00 – 22.00. Fantasia Lagoon stänger en dryg timme innan själva shoppingcentrumet The Mall.

Inträde: 100 baht för vuxna och barn över 100 cm. Gratis inträde för barn under 100 cm. Uppblåsbar jättering 40 baht. Handdukar finns att hyra.

Fiske

Det sista man kanske tänker på under ett besök till Bangkok är fiske, men faktum är att det finns flera stora konstgjorda sjöar i Bangkoks utkanter. Många av dem har ett brett urval av världens absolut största sötvattensfiskar. Vissa arter kan väga upp emot 100 kg. Den kanske trevligaste och modernaste fiskeparken är Bungsamran Fishing Park. På denna fiskepark kan man fiska dygnet runt. Det finns även bungalows att hyra om man är intresserad av nattfiske. Bungalowerna ligger precis vid vattenkanten och man kan sitta och fiska från sin egen lilla veranda. Man behöver inte ta med sig någon egen utrustning utan allt kan hyras och köpas på plats. Flera IGFA-rekord (International Game Fish Association) har satts på Bungsamran, och det anses vara ett av Thailands absolut bästa fiskeställen. Fisket kan även anpassas till barn av alla åldrar eftersom de olika sektionerna av sjön innehåller arter av varierande storlekar.

Vägbeskrivning: Till Bungsamran Fishing Park i nordöstra Bangkok tar man sig lättast med taxi. Visa chauffören vägbeskrivningen som finns på webbsidan. Man kan även ringa och låta taxichauffören prata med personalen.

Öppettider: Dygnet runt beroende på bokning.

Pris: Fiske 600 – 2 000 baht. Fiskeguide 1 000 baht. Bungalow eller hotellrum 600 – 4 000 baht beroende på standard och storlek.

Flow House Bangkok

Mitt i Bangkok finns det kanske mest annorlunda sättet att undvika hettan, nämligen The Flow House Bangkok. På The Flow House erbjuds det surfing med antingen surfbräda eller bodyboard på så kallade Flow Riders-maskiner, som skapar riktiga vågor i en sluttande pool. Utrustningen är importerad från San Diego i USA och finns enbart på ett fåtal ställen i Thailand. The Flow House Bangkok är öppet för alla från 5 år och uppåt. På området har man även tillgång till biljard, darts, pingis och två stora golfsimulatorer. I anknytning till spelzonen har man dessutom byggt en puttingbana. På restaurangen serveras det idel klassiska amerikanska surfrätter med betoning på hemgjorda pizzor, BBQ-hamburgare och hot dogs. Man kan antingen boka surfing på plats eller via deras hemsida. Surftiden startar varje heltimme och man bör ha anlänt drygt trettio minuter innan sessionen påbörjas.

Vägbeskrivning: Till The Flow House Bangkok tar man ta sig lättast med skytrain. Stig av på Phrom Phong på Sukhumvitlinjen och lämna stationen via utgång 6. Promenera nedför Sukhumwit soi 26 och förbi det stora hotellet The Davis Bangkok. Vid den följande trevägskorsningen till vänster, strax innan McDonalds, är det skyltat mot The Flow House Bangkok.

Öppettider: Måndag till fredag 14.00 – 23.00. Lördag och söndag 10.00 – 23.00.

Pris: Surfingen startar på 550 baht per timme. Mängdrabatt erbjuds.

Funarium

The Funarium är en av Bangkoks största inomhuslekparker. Målgruppen är barn upp till 13 år. För de yngre barnen finns det säkra lekområden med rutschkanor, bollhav, sandlådor och mindre vattenfontäner. För de större barnen finns det klätterväggar, stora rutschkanor, ett tvåvåningshögt lekhus och rejäla studsmattor. Därtill kan man låna cyklar och rollerblades och köra runt på en liten inomhusbana. Man kan även spela fotboll och basket på området. Utöver lekparkerna finns det en mycket stor pysselhörna där man kan klippa, klistra, måla och skapa med ett stort antal olika material. Det arrangeras även matlagningskurser för de äldre barnen, och under helgerna brukar personalen alltid planera in något extra för besökarna. The Funarium är ett populärt utflyktsmål för både thailändska och utländska familjer bosatta i Bangkok, och medan barnen leker kan de vuxna ta en avkopplande massage i salongen bredvid restaurangen.

Vägbeskrivning: Till The Funarium tar man sig lättast med taxi via vägen Rama 4. The Funarium ligger på soi Attakravi, bredvid Big C, i anslutning till Sukhumwit soi 26. Titta gärna på kartan över området som finns på The Funariums hemsida.

Öppettider: Måndag till torsdag 09.00 – 18.00. Fredag till söndag 09.00 – 19.00.

Inträde: 200 baht för 3 timmar för barn under 105 cm. 320 baht för 3 timmar för barn över 105 cm. Vuxna (över 13 år) 110 baht.

Harbin Ice Wonderland

Under senare år har flera så kallade Snow Towns dykt upp i Bangkok. En av de nyaste och absolut största, som slog upp portarna 2014, är Harbin Ice Wonderland. Till skillnad från flera andra Snow Towns i och runt omkring Bangkok är Harbin Ice Wonderland inte en liten del av ett större utflyktsmål utan utgör i sig själv huvudattraktionen. Ordentliga kläder och utrustning finns att hyra på plats. Utöver lekplatser, isrännor för kälkar och skridskorinkar har man även kompletterat denna mycket kalla Snow Town med konstutställningar i form av isskulpturer av berömda landmärken runtom i världen, exempelvis Eiffeltornet i Paris och Big Ben i London. Därtill har man byggt en bar för de vuxna där allt är utskuret ur is, till och med själva glasen.

Vägbeskrivning: Till Harbin Ice Wonderland tar man sig lättast med skytrain. Stig av på Bearing på Sukhumvitlinjen och lämna stationen till vänster i tågets motsatta färdriktning. Harbin Ice Wonderland ligger på gångavstånd ifrån utgången.

Öppettider: Dagligen 10.00 – 19.00. *Harbin Ice Wonderland har genomgått renoveringar och det kan vara tillrådligt att besöka webbsidan/Facebooksidan innan avfärd för att se gällande öppettider.*

Inträde: Vuxna och barn 550 baht.

Imaginia Playland & Benjasiri Park

Imaginia Playland är det nyaste och mest innovativa och kreativa leklandet i Bangkok. Det handlar inte bara om gungor, hoppborgar, klätterställningar och rutschkanor utan även om pyssel, knep och knåp, musik, teater och inte minst böcker och läsande. Därtill finns det en faktisk bondgård, i direkt anslutning till leklandet, som skapats för att ge storstadsbarnen i Bangkok en chans att se, träffa, nudda och lära sig om riktiga djur. Imaginia Playland och bondgården EM Farm är en del av det exklusiva shoppingcentrumet The Emporium. The Emporium ligger dessutom bredvid Benjasiri Park, som av många anses vara den trevligaste parken i Bangkok. Den är mindre än Lumpiniparken, och därför lättare att ta sig runt i. Här händer det alltid något roligt och intressant efter klockan 17.00. Benjasiri Park har blivit något av en mötesplats för kultur och friskvård. I många fall kan man i den ena änden av parken avnjuta en konsert medan man i den andra änden spelar basket eller åker skateboard. Det finns även lekparker för barnen och en så kallad Musical Fountain Show som uppförs tre gånger dagligen.

Vägbeskrivning: Till Imaginia Playland och The Emporium tar man sig lättast med skytrain. The Emporium ligger i direkt anslutning till stationen Phrom Phong på Sukhumvitlinjen. Benjasiri Park ligger bredvid Phrom Phong och The Emporium.

Öppettider: Imaginia Playland dagligen 10.00 – 20.00. The Emporium dagligen 10.00 – 22.00.

Inträde: 100 baht för barn under 70 cm. 250 baht för barn 71 – 90 cm. 480 baht för barn över 91 cm. 200 baht för vuxna (över 15 år).

KidZania

En annorlunda utflykt för barnen i Bangkok är KidZania i Paragon Shopping Center. KidZania är en miniatyrstad i mycket stor skala och upptar en ansenlig del av femte våningen. Vad som gör miniatyrstaden KidZania unik är att barnen inte bara leker utan faktiskt testar på olika yrken. Det finns många jobb att välja bland, och de alla är förlagda i naturtrogna miljöer som återspeglar verkliga arbetsplatser. Barnen får göra allt det de vuxna gör i sina olika roller, och tjänar därtill KidZaniapengar. Dessa pengar kan sedan användas i en butik på området. Miniatyrstaden KidZania är relativt ny och mycket påkostad. För barnen känns det som att "arbeta på riktigt" när de ikläder sig exempelvis en pilot- eller mekanikeruniform. Barn som vistas på området själva behöver ha vissa engelskkunskaper för att kunna förstå instruktionerna. Mindre barn är välkomna att delta i sällskap med vuxna. Det finns även ett kafé i staden för föräldrarna. Den huvudsakliga målgruppen är barn från 4 till 14 år. Om barnen väljer att gå in själva krävs det att föräldrarna lämnar ett telefonnummer som de kan kontaktas på vid behov. Det finns även rutiner för uthämtning så att inget barn lämnar området av misstag. Ett besök till KidZania varar vanligtvis i minst tre till fyra timmar, då det finns mycket att göra och många jobb att prova på.

Vägbeskrivning: Till KidZania tar man sig lättast med skytrain. Stig av på Siam och följ skyltningen mot Paragon Shopping Center, som ligger i direkt anslutning till stationen.

Öppettider: Måndag till fredag 10.00 – 17.00. Lördag och söndag 10.30 – 20.30.

Inträde: Måndag till fredag 425 baht för vuxna. Måndag till fredag 425 baht för barn 2 – 3 år. Måndag till fredag 825 baht för barn 4 – 14 år. Lördag och söndag 500 baht för vuxna. Lördag och söndag 500 baht för barn 2 – 3 år. Lördag och söndag 1 000 baht för barn 4 – 14 år. Gratis inträde för barn under 2 år.

Leoland Water Park & Mega Bangna

Vill man kombinera bad med gokarts kan man åka till shoppingcentrumet Central Plaza Bangna. Här finns ett stort vattenland med snabba rutschkanor, många olika sorters pooler för både stora och små, vattenrutschkanor med plats för badringar där man kan åka flera på en och samma gång samt gott om utrymme för att sola och ta det lugnt. Därtill har man inte bara slagit upp en gokartbana bredvid vattenparken och utan även en spelarkad med ett stort antal karuseller. Likt många andra vatten- och lekland i Bangkok ligger Leoland Water Park i ett shoppingcentrum. Central Plaza Bangna och Leoland Water Park är dessutom beläget enbart ett par kilometer ifrån det nya shoppingcentrumet Mega

Bangna, som kan stoltsera med en stor skridskorink, en enorm bowlinghall och ett modernt biokomplex. Mega Bangna är ett av de nyaste shoppingcentrumen i Bangkok, och även det första med en fullskalig Ikeabutik.

Vägbeskrivning: Till Leoland Water Park tar man sig lättast med taxi. Uppge Central Plaza Bangna för chauffören. Man kan även åka skytrain till stationen Bang Na på Sukhumvitlinjen och promenera i drygt 5 – 10 minuter längs med Bangna-Trat Road. För att ta sig till Mega Bangna kan man stiga av på skytrainstationen Udomsak på Sukhumvitlinjen och ta gratisbussen utanför till shoppingcentrumet.

Öppettider Leoland Water Park: Måndag till fredag 11.00 – 18.00. Lördag och söndag 10.00 – 19.00.

Inträde Leoland Water Park: Vuxna och barn 100 baht. Ytterligare avgifter tillkommer för gokarts och karuseller.

Lumpiniparken

I centrala Bangkok ligger vad som i folkmun kallas för Bangkoks gröna lunga, det vill säga Lumpiniparken, och sett till ytan är det en minst sagt ansenlig plats. Parken är som oftast tom mitt på dagen på grund av värmen, men på morgonen och eftermiddagen ökar aktiviteten rejält. Lumpiniparken har bland Bangkoks lokalbefolkning nämligen blivit synonymt med hälsa och motion. I den mycket stora parken finns det en joggingslinga på nästan tre kilometer, där man dessutom skapat utrymme för inbitna cyklister. I parken har man även anlagt ett rejält utomhusgym, som kostar några få baht att använda, samt ett stort antal träningsmaskiner som snirklar sig fram bland gräsmattorna i form av en bana. Vill man simma finns det en pool, som dock kräver medlemskap. Det roligaste träningsalternativet är emellertid de stora och gemensamma aerobicspassen som tar vid när solen börjar gå ner. Mobila scener och ljudsystem monteras upp och professionella tränare håller öppna pass för alla som vill delta. För barnen finns det flera stora lekparker med allt vad man kan tänkas vilja ha i form av gungor, gungbrädor och klätterställningar. Till på köpet har man anlagt en sjö i mitten av parken som fyllts med gigantiska karpar, varaner och sköldpaddor. Det finns trampbåtar till uthyrning och fiskmat att köpa.

Vägbeskrivning: Till Lumpiniparken tar man sig lättast med skytrain eller tunnelbana. Med skytrain stiger man av på Sala Daeng på Silomlinjen. Med tunnelbana stiger man av på Silom eller Lumpini.

Öppettider: Dagligen 04.30 – 21.00.

Madame Tussauds

I Bangkoks downtown, som är centrerat runt skytrainstationen Siam, finns det en Madam Tussauds. I och med att Madame Tussauds Bangkok är en filial av huvudkontoret i London håller dockorna en mycket hög klass och är likvärdiga med de i England. Dockorna är uppdelade i nio kategorier, 1) Red Carpet Zone, 2) Music Zone, 3) History Zone, 4) Film Zone, 5) Leaders Zone, 6) Authentic History Zone, 7) Art & Science Zone, 8) TV Zone och 9) Sports Zone. I Madame Tussauds Bangkok förekommer det ett par asiatiska stjärnor i varje kategori, som kan vara okända för besökare från andra delar av världen, dock utgörs den stora majoriteten av vaxdockorna av internationellt kända män och kvinnor. Det finns även interaktiva lekar på plats. Till exempel kan man spela golf mot Tiger Woods och testa sin IQ mot Albert Einstein. I och med närheten till shoppingcentrumet Paragon kan man dessutom köpa en kombibiljett för både Madame Tussauds och Sea Life Bangkok Ocean World till ett kraftigt reducerat pris. Tillsammans tar dessa båda utflykter större delen av dagen. Det finns emellertid gott om restauranger och kaféer som man kan koppla av på mellan besöken.

Vägbeskrivning: Till Madame Tussauds tar man sig lättast med skytrain. Stig av på Siam och följ skyltningen mot shoppingcentrumet Siam Discovery.

Öppettider: Dagligen 10.00 – 21.00.

Inträde: 850 baht för vuxna och barn över 11 år. 650 baht för barn 3 – 10 år. Gratis inträde för barn under 3 år.

Safari World

Safari World är, liksom många andra utflyktsmål i och omkring Bangkok, en kombination av flera olika sorters parker. Huvudattraktionen är emellertid safarituren i egen bil eller delad pickup som går längs med en åtta kilometer lång bana. Under denna tripp får man tillfälle att se världens enda utfordringsshow av lejon och tigrar. Engelsktalande guider följer med på turen. Utöver safariresan kan man även besöka Marine World, där det bjuds på shower med bland annat delfiner och sjölejon. I den angränsande delen, River Safari World, åker man flotte i en vattenränna med både toppar och dalar genom landskap som återger Afrikas och Asiens djungler. I en annan del av parken har man anlagt ett långt promenadstråk som löper genom diverse djurhägnader, och vilket ansluter till en gigantisk bur där man får mata exotiska fåglar. På Safari World kan man dessutom gå och se spännande stunt- och cowboyshower.

Vägbeskrivning: Till Safari World i utkanten av nordöstra Bangkok tar man sig lättast med taxi. Busslinjerna 60, 71 och 501 stannar emellertid vid shoppingcentrumet Fashion Island, och därifrån kan man fortsätta den sista biten med taxi eller tuk-tuk.

Öppettider: Måndag till fredag 09.00 – 16:30. Lördag och söndag 09.00 – 17.00.

Inträde vuxna: Entré till Safari World 800 baht. Entré till Marine Park 1000 baht. Kombibiljett för Safari World och Marine Park 1 200 baht. Kombibiljett med buffélunch 1 550 baht. River Safari Ride 350 baht.

Inträde barn (under 140 cm): Entré till Safari World 700 baht. Entré till Marine Park 800 baht. Kombibiljett för Safari World och Marine Park 900 baht. Kombibiljett med buffélunch 1 200 baht. River Safari Ride 350 baht. Gratis inträde för barn under 100 cm.

Samut Prakarn Crocodile Farm and Zoo

I Bangkoks södra utkanter ligger en av världens största krokodilfarmer där, enligt farmens egna uppgifter, världens största krokodil bor. I parken bjuds det på krokodilshower med erfarna tränare som bland annat sticker in sina huvuden i krokodilernas käftar. Man kan även testa på att själv mata krokodilerna – dock på behörigt avstånd! Utöver krokodiler har man även inhyst en mängd andra djur i parken, däribland elefanter, vilket innebär att man kan gå på kortare ridturer. Det finns även shower med apor och kameler samt ett något udda dinosauriemuseum. Parkområdet är stort och inkluderar en mindre sjö med trampbåtar. I motsats till Dusit Zoo ligger fokus på underhållningen på Samut Prakarn Crocodile Farm and Zoo, vilket medför att vissa besökare kan finna det hela något olustigt. Parken fyller dock även en funktion i forskningen om, samt i bevarandet av, krokodiler.

Vägbeskrivning: Till Samut Prakarn Crocodile Farm and Zoo tar man sig lättast med taxi. Man kan även åka skytrain till slutstationen Bearing på Sukhumvitlinjen, och därifrån fortsätta den sista biten med taxi eller tuk-tuk.

Öppettider: Dagligen 08.00 – 18.00.

Inträde: Vuxna 300 baht. Barn 200 baht.

Sea Life Bangkok Ocean World

På bottenvåningen av det stora shoppingcentrumet Paragon ligger Sea Life Bangkok Ocean World, som är det största akvariet i Sydostasien. Sea Life Bangkok Ocean World inhyser allt från de allra minsta varelserna i havet till några av de största och mest skräckinjagande. Pingviner, stingrockor, hajar och enorma sötvattensfiskar kan åskådas genom gigantiska fönsterväggar som erbjuder panoramautsikter över naturtrogna undervattensmiljöer. Den mest imponerande delen är emellertid glastunneln som löper längs med botten av det största akvariet. I några av de mindre akvarierna finns havsvarelser som inte är lika farliga men desto mer skräckinjagande, så som den enorma spindelkrabban, den meterlånga jättebläckfisken och de självlysande maneterna. På Sea Life Bangkok Ocean World erbjuds det flera aktiviteter för att göra besöket roligare och mer spännande. Man kan exempelvis åka ut med en liten båt, vilken syns underifrån av besökarna som passerar akvarierna på bottennivån, och mata djuren med fisk. Därtill kan man hyra en specialdesignad dykutrustning för havspromenader eller simma med hajarna. Det nyaste tillägget är en 4D-bio med havstema. Inne på själva området ligger för övrigt en stor lekplats. En utflykt till Sea Life Bangkok Ocean World kan kombineras med andra aktiviteter i närområdet, så som ett besök till Madame Tussauds.

Vägbeskrivning: Till Sea Life Bangkok Ocean World tar man sig lättast med skytrain. Stig av på Siam och följ skyltningen mot Siam Paragon Shopping Center.

Öppettider: Dagligen 10.00 – 21.00. Sista insläpp 20.00.

Inträde: Vuxna 900 baht. Barn 500 baht. 4D-bion 250 baht. Mata fisk/haj från båt 180 baht. Promenera på havsbotten 2 000 baht. Dyka med hajarna 5 300 – 6 600 baht beroende på tidigare erfarenhet.

Siam Niramit Show

En av världens största shower är Siam Niramit, som finns i både Bangkok och Phuket. Över hundra artister deltar i föreställningen och över femhundra kostymbyten hinner ta plats. Showen i sig handlar om Thailand och kommer i tre akter. I akt 1 får man lära sig om de fyra olika områdena Thailand har delats upp i och hur de har utvecklats under de senaste sju hundra åren. I akt 2 gestaltas thailändska trossystem, myter och folksägner. Och i akt 3 får man ta del av alla de festivaler och högtider som utgör kärnan i vad man skulle kunna kalla traditionell thailändsk kultur. Det är dock inte tal om några tråkiga timmar i en ordinär teatersalong utan Siam Niramit är pepprad med storslagna scener fyllda av specialeffekter och påkostad rekvisita. Tre timmar innan varje föreställning erbjuds det dessutom tillfälle att själv testa på de olika thailändska traditionerna, så som att spela på klassiska instrument, göra batik och baka lokala delikatesser.

Vägbeskrivning: Till Siam Niramit tar man sig lättast med tunnelbana. Stig av på Thailand Cultural Centre. Utanför utgång 1 går det gratisbussar till teatern varje dag klockan 18.00 – 19.45.

Öppettider: Dagligen 20.00. Föreställningen varar i drygt 80 minuter. Övriga aktiviteter på teaterområdet startar 17.00.

Inträde: Bara show 1 500 – 2 000 baht. Show tillsammans med middag 1 720 – 2 350 baht. Ett besök bokas lättast via företagets webbsida.

Skridskoåkning

I Bangkok finns det flera stora skridskorinkar och fyra av de bästa ligger i, eller i närheten av, Bangkoks downtown. Den kanske finaste har slagits upp i Siam Discovery Center, som man kan nå via en av utgångarna på skytrainstationen Siam. Med avstigning på Siam har man även tillgång till den andra stora rinken i centrala Bangkok, som ligger i shoppingcentrumet Central World. Vid tunnelbanestationen Phra Ram 9 kan man hitta Central Plaza, som är en filial till Central World, där den tredje skridskorinken ligger. I detta område finns även den fjärde skridskorinken, som är placerad i det konkurrerande shoppingcentrumet The Esplanade. Skridskoåkningen kan i samtliga fall kombineras med andra roliga och spännande aktiviteter och utflyktsmål. Exempelvis ligger Art in Paradise i The Esplanade, och runt omkring Siam kan man bland annat hitta Sea Life Bangkok Ocean World och Madame Tussauds.

Vägbeskrivning: Till de olika rinkarna tar man sig lättast med skytrain eller tunnelbana. Avstigning på skytrainstationen Siam för skridskoåkning på Central World och Siam Discovery Centre. Avstigning på tunnelbanestationen Phra Ram 9 för skridskoåkning på Central Plaza. Avstigning på tunnelbanestationen Thailand Cultural Centre för skridskoåkning på The Esplanade.

Öppettider: Dagligen 10.00 – 21.00.

Pris: Från 100 baht där utrustning/skridskor ingår i priset. Möjlighet till skridskoskola finns för avgift på samtliga rinkar.

Snake Farm

Ormfarmen i Bangkok drivs av Röda korset och är en viktig del i forskningen om ormar och i produktionen av ormserum. Området är uppdelat i en utomhus- och inomhusdel. I inomhusdelen kan man lära sig om ormar och vad man bör göra om man skulle ha oturen att bli biten. Här finns flera utställningar med interaktiva installationer om ormar och miljöerna de lever i. Därtill kan man få bevittna själva processen av att utvinna gift från ormar. I utomhusdelen ligger ett zoo med ormar från många olika geografiska områden i Sydostasien. Det är även i denna del som den dagliga ormshowen tar plats. Personalen visar upp ett antal giftiga och ogiftiga arter och informerar om dem i form av en mycket spännande show, som avslutas med att publiken får hålla i några av de riktigt stora arterna, till exempel den enorma anakondan. Det erbjuds även tillfälle att fotografera sig med ormarna. Och då inte på avstånd utan med dem hängande över och runt både hals och huvud.

Vägbeskrivning: Till ormfarmen tar man sig lättast med taxi eller tuktuk. Ormfarmen ligger emellertid på promenadavstånd ifrån skytrainstationen Sala Daeng. Lämna via utgång 3 och gå mot Rama 4 Road och Henry Dunang Road. Inom 200 meter är det skyltat på höger sida mot ormfarmen och Röda korsets lokaler.

Öppettider: Måndag till fredag 08.30 – 16.00. Lördagar och söndagar 09.30 – 13.00. *Besök gärna ormfarmens webbsida för att se när de olika showerna startar.*

Inträde: Vuxna 200 baht. Barn 50 baht.

Snow Town & Kidzoona

I shoppingcentrumet Gateway Ekkamai ligger en av Sydostasiens största och trevligaste artificiella snöstäder. Området upptar en stor del av ett helt våningsplan och är uppbyggt i form av en mindre japansk vinterstad. Det finns ett par restauranger och affärer i den lilla miniatyrstaden samt ett 30 – 40 centimeter djupt snötäcke att leka i. Det har även konstruerats en mindre skidbacke där man inte bara kan hyra skidor för att ta sig en tur utan även gå på skidskola. Fyra gånger dagligen låter man dessutom snömaskinerna pumpa upp luftig snö på hustaken, som på ett givet klockslag faller i stora lass över de som vågar stå rakt under dem. Inne på själva Gateway Ekkamai, i en angränsande del av shoppingcentrumet, ligger Kidzoona. Kidzoona är en stor lekplats uppdelad i zoner reserverade för olika typer av lek. Det är ljust, färgglatt och mycket varierat. Här finns allt från stora uppblåsbara rutschkanor till bollhav och karuseller. Åldersgrupperna man riktar sig till är från de allra minsta upp till max 12 år. Det finns utbildad personal på plats. Strax utanför Kidzoona ligger för övrigt en spelarkad där tonåringarna kan roa sig medan de yngre barnen leker.

Vägbeskrivning: Till Gateway Ekkamai tar man sig lättast med skytrain. Gateway Ekkamai ligger i direkt anslutning till stationen Ekkamai på Sukhumvitlinjen.

Öppettider Snow Town: Måndag till fredag 11.00 – 22.00. Lördag och söndag 10.00 – 22.00.

Öppettider Kidzoona: Dagligen 10.00 – 21.00.

Inträde Snow Town: Vuxna (över 90 cm) 100 baht. Barn (under 90 cm) 80 baht. En mindre avgift tillkommer för hyra av vinterkläder med mera.

Inträde Kidzoona: Barn 180 baht. Vuxna 90 baht.

Suan Siam Water Park/Siam Park City

I utkanten av norra Bangkok ligger vattenlandet och nöjesfältet Suan Siam Water Park, även kallat Siam Park City. Den mycket stora parken är uppdelad i fem zoner – Water Park, X-Zone, Family World, Fantasy World och Small World – och riktar sig till olika åldersgrupper. För de äldre finns det bland annat log flumes och bergochdalbanor med loopar av en hög internationell standard. Och för de yngre kan man hitta karuseller och slänggungor tillsammans med ett stort antal andra roliga aktiviteter. Det spelar ingen roll hur gammal eller ung man är eftersom Siam Park City har så pass många åkattraktioner att alla kan hitta något spännande att göra. En dryg tredjedel av parken upptas emellertid av vattenlandet. Vattenlandet i sig är uppdelat i ett antal mindre områden centrerade runt en gigantisk pool med vågmaskin. Flera av småpoolerna ligger i anslutning till någon av de många vattenrutschkanorna. Därtill finns det en flera meter bred kanal som löper genom området och i vilken lätta strömmar knuffar en framåt i vattnet. Man behöver inte besöka både vattenlandet och nöjesfältet utan kan köpa biljetter till enbart de zoner man vill roa sig i.

Vägbeskrivning: Till Suan Siam Water Park tar man sig lättast med taxi. Man kan även åka skytrain till slutstationen Mo Chit på Sukhumvitlinjen, och därifrån fortsätta den sista biten med taxi.

Öppettider: Dagligen 10.00 – 18.00.

Inträde: Heldagsbiljett för vuxna till alla områden 900 baht. Heldagsbiljett för barn till alla områden 700 baht. Priset faller i takt med att färre områden bokas, vilket kan vara värt att tänka på när man köper biljett till de i familjen som är under 130 cm.

Wakeboarding

I Bangkok hittar man inte bara en massa typiska storstadsnöjen utan även härliga naturupplevelser fyllda av spänning och adrenalin. En av dessa är Thai Wake Park. Wakeboarding är ett slags system för vattenskidor med en bräda som liknar en mindre snowboard. Man följer inte efter en båt utan åker via ett upphöjt kabelsystem som är kopplat till ett handtag i en vajer. För de mer avancerade finns det hopp och hinder. Trots att det inte krävs någon som helst tidigare erfarenhet kan det vara för fysiskt påfrestande för de yngsta i familjen. På Thai Wake Park har man inte desto mindre konstruerat en bana som underlättar för absoluta nybörjare. Exempelvis har det byggts en liten ö i mitten av sjön för att hindra att vinden skapar vågor. Därtill åker personalen ut och plockar upp en i båt om man trillar så att man snabbt kan koppla samman sig med kabelsystemet och fortsätta att surfa. På området finns det även ett hotell med rabatterade priser för wakeboard-kunder.

Vägbeskrivning: Till Thai Wake Park tar man sig lättast med taxi. Visa chauffören vägbeskrivningen som finns på webbsidan. Man kan även ringa och låta taxichauffören prata med personalen.

Öppettider: Året runt från morgon till kväll.

Pris: 2 timmar för 850 baht. 4 timmar för 1 150 baht. Heldag för 1 350 baht. Nattåk: ordinarie taxa plus 100 baht. Avgifter på cirka 500 baht tillkommer för hyra av utrustning.

Yoyo Land

På Seacon Square i östra Bangkok har ett underhållningscentrum för barn vid namn Yoyo Land slagits upp. Området är enormt för att vara inomhus och på det närmare 10 000 kvadratmeter stora utrymmet finns det ett litet tivoli med karuseller, skaparverkstäder för de kreativa, arkadspel, biografer, ett inomhuståg som snirklar sig fram genom lekzonerna, ett bollhav, en äventyrspark med piratskepp och mycket, mycket mer. Därtill har man skapat en miniversion av KidZania. På Seacon Square är detta mini-KidZania inkorporerat i lekområdet och tar kortare tid att göra samt erbjuds till ett mycket lägre pris. Yoyo Land riktar sig till barn mellan 3 och 11 år. Det är högljutt, intensivt och mycket roligt eftersom det finns så otroligt många saker att göra och testa på.

Vägbeskrivning: Till Seacon Square tar man sig lättast med taxi. Man kan även åka skytrain till stationerna On Nut eller Udomsak på Sukhumvitlinjen, och därifrån fortsätta den sista biten med tuk-tuk eller taxi.

Öppettider: Måndag till fredag 11.00 – 18.00. Lördag och söndag 11.00 – 19.30.

Inträde: Inträdet är gratis men aktiviteterna kostar 10 – 150 baht.

CHIANG MAI

Uppe bland bergen i norra Thailand, drygt sju hundra kilometer från Bangkok, ligger Chiang Mai. Denna provinshuvudstad har rötter som sträcker sig nästan tusen år bakåt i tiden och var tidigare centrum i kungadömet Lanna. Chiang Mais betydelse kom av sitt läge vid floden Ping och blev en viktig knutpunkt mellan handelsrutterna som sträckte sig från Indien i väst till Kina i norr.

I dagens Thailand har Chiang Mai seglat upp som en av de mest besökta städerna vid sidan av Bangkok. Fast det är inte bara utländska turister som letar sig hit, utan Chiang Mai har även blivit mycket populärt bland de inhemska turisterna. I många fall eftersom vädret, under stora delar av året, är svalare här än i övriga Thailand.

När man anländer till Chiang Mai slås man på en gång av hur majestätisk naturen är och hur starkt den kontrasterar mot kuststädernas alla puderlika sandstränder. Chiang Mai omgärdas av tätvuxna djungler och höga bergstoppar och det ser nästan ut som om den böljande grönskan som sveper in området har färglagts med kritor. I motsats till Bangkok vill man vara utomhus så mycket det bara går, och landskapet lämpar sig synnerligen väl för trekking och äventyrsaktiviteter. Det finns ett brett utbud av utflykter som passar alla i familjen vare sig man gillar grottutforskning, fyrhjulingar och motorcyklar, vattenfall, spegelblanka pooler, långa linbanor eller forsränning.

Art in Paradise

Art in Paradise Chiang Mai är liksom Art in Paradise i Bangkok ett galleri med interaktiva 3D-målningar, fast då inte hologram, utan i form av faktiska tavlor. Vad det handlar om är att skapa illusionen av att betraktaren stiger in i konstverken. Målningarna är mycket stora, täcker i många fall hela väggar och halva golv, och erbjuder makalösa fotomöjligheter där man själv så att säga blir en del av motivet. Vid flera av väggtavlorna finns det även instruktioner om hur man bör placera sin kropp för att på bästa möjliga sätt skapa illusionen av att befinna sig inuti själva kompositionen. Synvillorna är fantastiska och kommer att få hela familjen att fascineras över slutresultaten. Man skulle kunna säga att samtliga målningar på Art in Paradise är ofullständiga fram till dess att någon tar del av dem. Det finns även ett café och en restaurang på galleriet där man kan beställa snacks och varmrätter.

Vägbeskrivning: Till Art in Paradise tar man sig lättast till fots eller med tuk-tuk och taxi. Galleriet ligger i centrala Chiang Mai, ett par hundra meter söder om Shangri-La Hotel på Chang Klan Road.

Öppettider: Dagligen 09.00 – 21.00.

Inträde: Vuxna 400 baht. Barn 200 baht. Gratis inträde för barn under 100 cm.

Bad och vattenlek

Trots att Chiang Mai ligger bland bergen i norra Thailand erbjuds det flera goda, och inte minst sagt annorlunda, badmöjligheter.

Vattenfallen i Chiang Mai

Omkring Chiang Mai finns det många stora och små vattenfall med anslutande djupa och grunda pooler med fräscht sötvatten. Det närmaste är beläget strax utanför Chiang Mai vid berget Doi Suthep, där man även kan ta tillfället i akt och besöka ett av Thailands absolut mest kända tempel. Andra vattenfall, som är mer spektakulära, ligger på bekvämt bilavstånd ifrån stan. Flera av de större är uppdelade i ett antal olika nivåer, där man kan behöva klättra för att komma åt de bästa vattenfallen, i synnerhet om man gillar att dyka från hög höjd. För att hitta vattenfallen som passar barnens ålder bäst rekommenderas det att undersöka alternativen på någon av de många lokala turistbyråerna. Vid vissa vattenfall behöver man betala en avgift eftersom de ligger inom nationalparker. Avgiften brukar vara 200 – 400 baht. Det är alltid som mest vatten under och strax efter regnsäsongen. Utflykter till vattenfallen kombineras lätt med andra aktiviteter. Mae Sa Waterfall ligger till exempel inte långt ifrån Mae Sa Snake Farm och Jungle Bungy Jump.

San Kamphaeng Hot Springs

Omkring bergen kan man hitta flera varma källor med sprutande fontäner och imponerande gejsrar. Den mest besökta heter San Kamphaeng Hot Springs och ligger drygt 30 kilometer utanför Chiang Mai. På San Kamphaeng Hot Springs erbjuds det bad i privata tunnor, badkar eller mindre pooler där det heta vattnet från källan blandats med kallare färskvatten. Vattnet anses vara mycket hälsosamt för huden eftersom det har en ovanligt hög mineralhalt. En annan rolig aktivitet är att köpa ägg för att själv koka dem till lunch i de varma källorna. Det finns även bungalows att hyra om man vill övernatta. Strax intill San Kamphaeng Hot Springs hittar man Roon Arun Hot Spring Resort, som erbjuder något mer luxuösa rum.

Vägbeskrivning: Till San Kamphaeng Hot Springs, som ligger öster om Chiang Mai i närheten av väg 1317, tar man sig lättast med eget fordon, tuk-tuk eller taxi. Man kan även ta den lokala bussen från Chang Phuak bussterminal. Stig av vid San Kamphaeng och fortsätt den sista biten med tuk-tuk eller taxipickup.

Öppettider: Dagligen 08.00 – 21.00.

Pris: Vuxna 30 baht. Barn 15 baht. Bad i tunna 15 baht för 30 minuter. Bad i större kar 30 baht för 30 minuter. Bad i minipool (max 10 personer) 200 baht för 60 minuter.

Chiang Mai X-Centre

En bit utanför Chiang Mai ligger The X-Centre, som är en kombination av äventyrsaktiviteter och motorsport. Utbudet är stort och när det gäller fordonsbaserat nöje kan man välja mellan Drifter Go-Karts, Off-Road Buggy och ATVs (fyrhjulingar). Banorna är långa, kuperade och spännande. Det finns tränare på plats och man behöver ingen tidigare erfarenhet för att lyckas ta sig runt. För de som föredrar motorcyklar erbjuds det ett något mer utmanande alternativ: istället för att köra på anlagda banor så forcerar man djungeln på naturliga stigar och spår. Äventyrsparken inkluderar även en paintballbana, som är den största i Chiang Mai. För vuxna och barn över 35 kilo finns det en Jungle Bungy Jump där man hoppar mot en mindre sjö från ett 50 meter högt torn. I övrigt har man zorbbollar, som dessutom kommer i tandemversioner, studsmattor, lekparker och en minilinbana. The X-Centre arrangerar även barn- och födelsedagskalas med clowner och annat kul.

Vägbeskrivning: Till Chiang Mai X-Centre tar man sig lättast med parkens egen kostnadsfria skyttelservice. Inför ett besök ringer man och beställer hämtning och lämning från valfritt hotell. Man kan även ta en av Chiang Mais röda taxi-truckar till The X-Centre. Kör man bil så lämnar man Chiang Mai norrut via väg 107. Sväng sedan in på väg 1096 efter 20 kilometer och kör i ytterligare cirka 10 kilometer. Chiang Mai X-Centre ligger i samma område som Mae Sa Snake Farm och Chiang Mai Monkey Centre.

Öppettider: Dagligen från klockan 09.00.

Pris: Offroad Buggies & ATVs 800 – 7 000 baht beroende på aktivitet, utflyktslängd och fordonsstorlek. Jungle Bungy Jump från 2 000 baht. Drifter Go-Karts från 800 baht. Paintball från 300 baht. Offroad Trail Motorbike Tour från 2 500 baht. Zorbbollar från 600 baht.

Chiang Mai Zoo & Aquarium

Chiang Mai Zoo & Aquarium är en stor djurpark uppdelad i två sektioner vilka man kan besöka var för sig eller tillsammans på en kombibiljett.

Chiang Mai Zoo

Chiang Mai Zoo håller en hög internationell standard. Det är utspritt över ett ansenligt område i förhållande till övriga djurparker i Sydostasien och de flesta av djuren har rymliga burar och stora inhägnader att röra sig inom. Därtill är Chiang Mai Zoo en av få djurparker i världen som har lyckats med att få jättepandor att reproducera sig. I Chiang Mai Zoo har man även haft framgång med att föda upp vita tigrar och djurparken arbetar aktivt med att säkra framtiden för flera andra utrotningshotade arter. Några av de mer vardagliga djuren, så som sälarna och fåglarna, är däremot stjärnor i parkens dagliga shower. Andra stjärnor inkluderar koalabjörnarna, som man får både klappa och ta foton med. På plats brukar det även finnas ett eller två tillfälliga minizoo för att låta barnen komma riktigt nära djuren. Inne på det stora parkområdet kan man ta sig runt i öppna minibussar eller via en så kallad monorail. En annan rolig aktivitet, i synnerhet under mycket varma dagar, är Chiang Mai Snow Dome. Det är en inomhusförläggning med minusgrader, snö och en pulkabacke. Man betalar för 30 minuter och får låna både vinterkläder och kälke.

Chiang Mai Aquarium

I djurparken ligger även ett av Asiens största akvarium, som dessutom kan skryta med att inneha världens längsta undervattenstunnel av glas, där man på botten av en konstgjord flod och ett konstgjort hav kan få se hajar, stingrockor och enorma sötvattensfiskar på bara ett par centimeters avstånd. Det finns även jättebläckfiskar, bisarra maneter, färgglada sjöhästar och flera andra annorlunda havsdjur att stifta bekantskap med. Tillfälle ges till att dyka i akvarierna som omgärdar de långa tunnlarna och möta stingrockorna och småhajarna vid utfodringsdags. Strax utanför akvariet har man arrangerat fler roliga och spännande aktiviteter. Man kan till exempel hyra en trampbåt och ta sig runt i sjön som akvariet ligger bredvid för att mata fiskarna, rulla runt i zorbbollar eller åka zipline på en 200 meter lång linbana. Djurparken och akvariet utgör tillsammans en heldag för familjen och det rekommenderas att komma tidigt så att man hinner göra allt.

Vägbeskrivning: Till Chiang Mai Zoo & Aquarium tar man sig lättast med tuk-tuk, taxi eller de röda pickuperna med fasta linjer. Parken ligger bara någon kilometer ifrån stadskärnan.

Öppettider: Dagligen 08.00 – 18.00.

Inträde zoo och akvarium: Vuxna 520 baht. Barn (under 135 cm) 390 baht.

Inträde Snow Dome: Vuxna 150 baht. Barn 100 baht.

Doi Suthep

Barn är kanske inte alltid så väldigt förtjusta i utflykter till kulturella platser, men ett besök till ett av Thailands absolut mest berömda tempel kan ändå vara värt besväret. Templet Doi Suthep är beläget högt uppe i bergen strax utanför Chiang Mai och erbjuder, efter att man har klättrat uppför en lång trappa som huggits ut ur själva berget, en makalös utsikt över omgivningen. Därtill är området täckt av intressanta och häpnadsväckande statyer och skulpturer i skilda storlekar och former. För de som inte orkar med trapporna finns det en hiss för en kostnad av 30 baht. Själva tempelområdet byggdes redan år 1383, och är därmed ett av de äldsta fortfarande använda templen i Thailand.

Vägbeskrivning: Till Doi Suthep tar man sig lättast med eget fordon, tuk-tuk eller taxi. Templet ligger drygt 10 kilometer upp i bergen och kan ses från staden.

Öppettider: Dagligen 06.00 – 18.00.

Elefantbesök

I Chiang Mais närområde kan man hitta tre elefantläger, vilka erbjuder olika typer av aktiviteter och upplevelser.

Elephant Nature Park

På Elephant Nature Park ligger fokus på att rehabilitera vanvårdade och tidigare tillfångatagna elefanter. Ingen ridning är tillåten, men däremot kan man få hjälpa till med allt som krävs för att återanpassa elefanterna till deras naturliga miljö, vilket skapar en mycket mer intim kontakt än att enbart gå på djungeltrekking. Därtill får man närvara och delta i elefanternas vardagsrutiner, så som när de badar, äter eller enbart njuter av sin nyvunna frihet genom att ströva runt i landskapet. Man kan boka besök som sträcker sig från ett par timmar till hela veckor samt anmäla sig som volontär och bo och arbeta i parken, vilket dock kräver att man har fyllt arton år. På området finns det dessutom ett hem för katter, hundar, fåglar, vattenbufflar och andra djur som har övergivits eller behandlats illa.

Vägbeskrivning: Till Elephant Nature Park tar man sig lättast med eget fordon eller taxi. Parken ligger drygt 60 kilometer norr om Chiang Mai. Lämna via väg 107, sväng höger strax efter korsningen med väg 3038.

Öppettider: Året runt enligt bokning.

Pris: Från 2 500 baht (heldag) till 15 000 baht (veckovis volontärarbete). Rabatter för barn erbjuds ofta.

Patara Elephant Farm

Patara Elephant Farm har, liksom Elephant Nature Park, fokus på rehabilitering och uppfödning av elefanter, men här erbjuds det också tillfälle till bland annat ridturer och djungeltrekking. Det finns två olika program man kan boka. Det kortare, som heter Elephant Day Care, pågår i 4 – 5 timmar och låter besökaren sköta en egen elefant med hjälp av en professionell tränare. Det lite längre programmet, som heter Elephant Owner For a Day, pågår i 6 – 8 timmar och handlar, liksom det kortare programmet, om att ta hand om en egen elefant under en hel dag, vilket inkluderar att mata, bada, leka, träna och rida med elefanten. Man lär sig även hur man kommunicerar med elefanter och får använda den teoretiska undervisningen praktiskt med sin egen elefant. Man måste boka i förväg eftersom det är en elefant per person. Patara Elephant Farm ligger mycket närmare Chiang Mai än Elephant Nature Park.

Vägbeskrivning: Till Patara Elephant Farm tar man sig lättast med eget fordon, tuk-tuk eller taxi. Farmen ligger på väg 1269, cirka 30 kilometer utanför Chiang Mai, vid nationalparken Doi Suthep.

Öppettider: Året runt enligt bokning.

Pris: Elephant Day Care 3 800 baht. Elephant Owner for a Day 5 800 baht.

Mae Sa Elephant Camp

Mae Sa Elephant Camp är, liksom de ovanstående lägren, involverat i skyddet av elefanter, men fokus ligger ändock lite mer på underhållning och turism. Här erbjuds det ridturer, bad av elefanter, olika former av trekking, shower där man bland annat kan få måla tavlor tillsammans med elefanterna samt kortare kurser i att bli en mahout. Det vill säga en elefantskötare.

Vägbeskrivning: Till Mae Sa Elephant Camp tar man sig lättast med eget fordon, tuk-tuk eller taxi. Lämna Chiang Mai norrut via väg 107 och kör i drygt 20 kilometer. Sväng vänster på väg 1096 och fortsätt i ytterligare 10 kilometer.

Öppettider: Dagligen 08.00 – 16.00. Elefantshower 08.30, 09.40 och 13.30.

Pris: Elefantshow vuxna 200 baht. Elefantshow barn 100 baht. Elefantridning för två personer från 800 baht. Priset för mahout-utbildningen beror på kursens längd och innehåll.

Flight of the Gibbon

Företaget Flight of the Gibbon arrangerar olika former av äventyrstrekking, vilket inkluderar grottutforskning, bergsklättring, kayaking och mountain biking högt uppe i bergen. Dessa alternativ är i många fall för påfrestande för de yngsta i familjen. Vad som däremot passar hela familjen, så länge den yngsta medlemmen är över en meter lång och den tyngsta inte väger mer än 130 kilo, är den fem kilometer långa linbanan som monterats upp i djungelns trädkronor. Banan snirklar sig fram mellan trädtopparna via ett system av plattformar, kablar och selar som man hakar fast sig i. Det finns sammanlagt 33 plattformar och hängbroar, där det längsta avståndet mellan två av dem är på hela 800 meter, vilket skapar känslan av att flyga. Guider följer med på turen och tillfälle ges till att både se och möta vilda apor, fåglar och diverse andra djur som lever uppe i trädtopparna.

Vägbeskrivning: Eftersom turen oftast behöver bokas i förväg så ingår hämtning och lämning på valfritt hotell inom Chiang Mai. Bokning görs via arrangörens webbsida eller på lokal resebyrå.

Öppettider: Transfer med luftkonditionerad minibuss kan arrangeras hela dagen.

Pris: Djungellinbana 3 599 baht per person.

Flygturer över Chiang Mai

Om man vill se Chiang Mai från en unik synvinkel så kan man testa på att flyga över staden och de omkringliggande bergen och djunglerna. I Chiang Mai erbjuds det två säkra och certifierade alternativ. Det första, Balloon Adventure Thailand, som står under kontroll av Chiang Mai Airport Tower, erbjuder dagsutflykter i varmluftsballonger. Det andra, Chiang Mai Sky Adventure, erbjuder turer i mikroflygplan. Båda arrangörerna är öppna året runt, men av naturliga skäl är flygturerna beroende av väderleken, vilket innebär att vissa avgångar kan vara inställda under monsunsäsongen.

Vägbeskrivning: Flygturerna tar plats utanför Chiang Mai och bokas lättast via de lokala resebyråerna.

Öppettider: Året runt. Flygturerna är dock beroende av väderleken.

Pris: Priset startar vid drygt 1 000 baht per person.

Forsränning

Att ta sig nedför floderna som omgärdar Chiang Mai kan vara både spännande och avkopplande. De två vanligaste alternativen är så kallad White Water Rafting och Bamboo Rafting.

White Water Rafting

Chiang Mais geografiska läge lämpar sig synnerligen väl för så kallad White Water Rafting, det vill säga forsränning. De flesta turer anordnas i floden Mae Tang och kommer i flera svårighetsnivåer, vilka kräver olika grader av uthållighet och skicklighet. Vissa sektioner av floden passar hela familjen, medan andra enbart lämpar sig för de riktigt äventyrliga. Utflykterna kombineras ofta med bad i vattenfall och trevliga picknickar. De flesta resebyråer arrangerar även längre forsränningsturer högre upp i bergen i kombination med trekking och camping. Det finns många aktörer på marknaden, men några av de större är Chiang Mai Adventure samt Siam Rivers, vars webbsidor ger en god överblick av utbudet som kan bokas på plats i Chiang Mai.

Bamboo Rafting

Till skillnad från så kallad White Water Rafting är Bamboo Rafting ett mycket stillsamt och fridfullt sätt att uppleva naturen omkring Chiang Mai. Längs med de lugnare delarna av floden tar man sig fram på flottar av bamburör som man har monterat fast bekväma stolar på. Flottarna är små och kan enbart ta ett par personer åt gången. De framförs av guider med hjälp av paddel och de svaga strömmarna. Tillfälle ges till både bad och trevliga picknickar.

Vägbeskrivning: Utflykterna bokas lättast på plats i Chiang Mai vid någon av de många lokala resebyråerna.

Öppettider: White Water Rafting, Bamboo Rafting och trekking erbjuds året runt men är av naturliga skäl väderberoende, vilket innebär att det tillfälligtvis kan vara inställt under monsunsäsongen.

Pris: Priset för White Water Rafting och Bamboo Rafting börjar vanligtvis på 1 000 baht per person. Priset beror på hur långa turerna är samt om de kombineras med andra aktiviteter.

Grottor

Chiang Mai med närområde omges av berg och djupa djungler, vilket inte bara medför trekking och bad i vattenfall, utan även tillfälle att utforska några av Thailands mest kända och fascinerande grottsystem. Här finns tunnlar, gångar, vindlande trappor genom smala prång och stora salar med insprängda tempel och helgonfigurer.

Muang On Cave

Muang On Cave är ett något mindre men mycket intressant grottsystem. Detta grottsystem består till huvudsak av stora hålrum och långa gångar utsmyckade med enorma Buddhastatyer och helgedomar. Gångarna är upplysta och promenaden enkel. Små barn har inga problem med att ta sig fram. Strax utanför ingången ligger det ett par serveringar, och har man tid över finns det andra utflyktsmål i närheten, exempelvis San Kamphaeng Hot Springs, där man kan bada och tvätta av sig efter strapatserna.

Chiang Dao Caves

Det större grottsystemet Chiang Dao Caves ligger lite längre bort, men är å andra sidan desto mer spännande att utforska. Detta grottsystem består av över 100 olika grottor. Dock är enbart fem av dem öppna för allmänheten. Man får tillgång till dem genom att först anträda huvudgrottan och där stanna till vid en station med utbildade guider. På plats finns det två gångar med ljuskällor som personer i alla åldrar kan vandra runt i problemfritt. De övriga tre grottsystemen är mörklagda och man kan antingen låna en lykta och utforska dem på egen hand eller hyra en guide. Kostnaden är enbart 100 baht, vilket går till lyktan som används, medan guidens betalning förväntas vara dricks. I och med att dessa grottor kan vara smala, hala och något farliga rekommenderas det att anträda dem tillsammans med en erfaren vägledare, som dessutom kan peka ut sevärdheterna man annars riskerar att missa.

Vägbeskrivning: Till Muang On Caves tar man sig lättast med eget fordon, tuk-tuk eller taxi. Muang On Caves ligger drygt 30 kilometer öster om Chiang Mai på väg 1317. Till Chiang Dao Caves är det över 70 kilometer. Åk norrut på väg 107 i drygt 70 kilometer, sväng sedan vänster mot Chiang Dao Caves. Det finns även pickupbussar från Chiang Mai som passerar Chiang Dao Caves och som kostar under 100 baht. De kan även vinkas in från vägen när man ska tillbaka till Chiang Mai. Sista pickupbussen avgår klockan 18.00.

Öppettider: Dagligen 07.00 – 17.00.

Inträde Muang On Cave: 30 baht.

Inträde Chiang Dao Caves: 40 baht. Guide med lykta 100 baht.

Jungle Bungy Jump

En bit utanför Chiang Mai ligger Jungle Bungy Jump där de lite större i familjen kan hoppa från ett 50 meter högt torn under vägledning och övervakning av professionell och erfaren personal. Om man känner för att kombinera utflykten med andra aktiviteter så är läget idealiskt. Inte långt ifrån Jungle Bungy Jump ligger Mae Sa Snake Farm och vattenfallen i Mae Sa. Man behöver inte boka tid, däremot kan man ringa för att ordna med gratis transfer till och från området. Alla bungy jumps filmas och om man vill så kan man köpa DVDs av hoppet eller trycka bilder av sig själv på t-shirts. Det erbjuds även natthopp. På området har man dessutom anlagt ett litet minizoo med marsvin och diverse andra smådjur som de minsta i familjen kan leka med medan de vuxna och äldre barnen hoppar. Jungle Bungy Jump har flera branscher i Thailand och är certifierade, fullt försäkrade och följer standarder från Nya Zeeland. Alla kan hoppa så länge man väger över 35 kilo och under 235 kilo vid tandemhopp.

Vägbeskrivning: Till Jungle Bungy Jump tar man sig lättast med gratisbussen som bokas via företagets webbsida eller på någon av de lokala resebyråerna. Åker man själv så kör man mot Mae Rim på väg 107, för att sedan svänga vänster mot Sa Moeng.

Öppettider: Dagligen 09.00 – 18.00 (natthopp kan bokas).

Pris: Hopp med souvenir 2 000 – 2 400 baht.

Mae Sa Snake Farm

På Mae Sa Snake Farm kan man få se, nudda och hålla i alla möjliga sorters ormar, så väl giftiga som ogiftiga. Tre gånger dagligen arrangeras det spännande shower där tränarna låter besökarna komma kobror och pytonormar riktigt, riktigt nära. Trots att fokus ligger på underhållningen så bedrivs det på Mae Sa även viss forskning om, och uppfödning av, sällsynta och utrotningshotade arter.

Vägbeskrivning: Till Mae Sa Snake Farm tar man sig lättast med eget fordon, tuk-tuk eller taxi. Kör norrut på väg 107 i cirka 20 kilometer, sväng sedan vänster på väg 1096 och fortsätt i ytterligare någon kilometer.

Öppettider: Dagligen 09.00 – 17.00.

Inträde: Vuxna 200 baht. Barn 100 baht.

Minigolf

Något alla i familjen kan uppskatta är en bra minigolfbana, och i Chiang Mai finns det två stycken.

Inter Minigolf

På Golden Elephant Resort, sydost om centrala Chiang Mai, ligger Inter Minigolf, som är en 18-hålsbana av en hög standard i en synnerligen vacker miljö. Runt omkring banorna finns det gott om planterade träd och skugga, vilket kan vara bra under varma och soliga dagar.

Vägbeskrivning: Till Inter Minigolf tar man sig lättast med eget fordon, tuk-tuk eller taxi. Banan ligger drygt 10 kilometer sydost om Chiang Mai bredvid väg 1317. Kör söderut på väg 11, sväng vänster på väg 121, sväng därefter höger, innan väg 1317, mot Inter Minigolf/Golden Elephant Resort.

Öppettider: Dagligen 09.00 – 22.00.

Pris: Vuxna 100 baht. Barn 60 baht.

Hansa Minigolf: Discover the World of Wonders

Hansa Minigolf anses av många vara den vackraste minigolfanläggningen i Thailand. Banan är uppbyggd kring världsberömda landmärken och byggnader och bland de arton hålen kan man spela mot en bakgrund av exempelvis Frihetsstatyn i New York, Stonehenge i England och Eiffeltornet i Paris. Det är påkostat och innovativt och gör upplevelsen till något mer än bara en vanlig minigolfrunda.

Vägbeskrivning: Till Hansa Minigolf tar man sig lättast med eget fordon, tuk-tuk eller taxi. Lämna Chiang Mai norrut via väg 1367, kör cirka 12 kilometer till korsningen med väg 3012, sväng därefter höger och fortsätt i drygt 3 kilometer.

Öppettider: Fredag till måndag 10.00 – 20.00.

Pris: Vuxna 100 baht. Barn under 12 år 30 baht. Mängdrabatter erbjuds.

Nattsafari

Chiang Mai Night Safari består, trots namnet, även av en del som är öppen dagtid. Dagturen heter Jaguar Trail Zone och är en 1.2 kilometer lång vandringstur runt en sjö med över 400 hundra djur, så som vita tigrar, leoparder, kameler, apor och tapirer. Det finns även Segways att hyra om promenaden känns för lång. Nattsafarin är uppdelad i två olika områden, Savanna Safari Zone och Predator Prowl Zone. På dessa turer åker man i en pickup som är öppen på sidorna. Rutten är fem kilometer lång och tar cirka en timme. I Savanna Safari Zone kan man bland annat få se giraffer, zebror, noshörningar, gnuer, vattenbufflar, hyenor och geparder. Djuren i Predator Prowl Zone däremot är uteslutande köttätare, till exempel tigrar, lejon, gamar, vargar, björnar och krokodiler. Alla farliga djur är förhindrade att komma nära pickupen. Utöver safariturerna bjuds det också på underhållning, nämligen Nigthly Musical Fountain Show och Water Screen Laser Light Show, samt en kabaré med galamiddag. Förutom detta finns det en fotohörna där man kan ta bilder av sig själv med lejon- och tigerungar. I närheten ligger Fun Plaza, som är en stor lekpark.

Vägbeskrivning: Till Chiang Mai Night Safari tar man sig lättast med eget fordon, tuk-tuk eller taxi. Lämna Chiang Mai västerut via väg 3029, kör cirka 14 kilometer, sväng därefter på väg 3044. Det finns även en gratisbuss som avgår från turistpolisens lokaler vid Night Bazaar.

Öppettider: Jaguar Trail Zone dagligen 11.00 – 22.00. Savanna Safari Zone/Predator Prowl Zone dagligen 18.00 – 23.30. Musical Fountain/Laser Light Show dagligen 20.00 och 21.00. Kabaré dagligen 17.30 och 21.00.

Inträde Jaguar Trail Zone: Vuxna 100 baht. Barn (100 cm – 140 cm) 50 baht. Gratis inträde för barn under 100 cm.

Inträde Savanna Safari Zone/Predator Prowl Zone: Vuxna 800 baht. Barn (100 cm – 140 cm) 400 baht. Gratis inträde för barn under 100 cm.

Night Bazaar

Chiang Mais största utomhusmarknad är Chiang Mai Night Bazaar. På dagen en vanlig gata, på kvällen en närmare kilometerlång shoppingdröm. Liksom många andra stora utomhusmarknader i Thailand, exempelvis de i Hua Hin, är det inte bara shoppingen som lockar utan även allt som händer vid sidan av. Chiang Mai Night Bazaar är en plats som sjuder av liv och rörelse och blandat om vartannat med marknadsstånden kan man hitta restauranger, gatukök och annorlunda kvartersbutiker. Här gäller det även att köpslå ihärdigt, fast alltid med glimten i ögat. Atmosfären är trevlig och som oftast finns det artister och konstnärer på plats som spelar och livar upp stämningen ytterligare. Missa inte att undersöka de anknytande gränderna och smågatorna, då de riktiga guldkornen i många fall ligger lite vid sidan av de mest kommersiella stråken i kvarteret.

Vägbeskrivning: Till Chiang Mai Night Bazaar tar man sig lättast till fots eller med tuk-tuk och taxi. Marknadsområdet ligger centralt i stan, utspritt över kvarteren strax öster om Tha Phae Gate.

Öppettider: 18.00 – 24.00.

Queen Sirikit Botanic Garden

Queen Sirikit Botanic Garden är Thailands största botaniska trädgård och erbjuder makalösa upplevelser av inte bara den thailändska floran utan även av andra, mer främmande ekosystem. Området är vidsträckt och består av ett antal promenadstråk genom fantastiska trädgårdar, vattenfall och plantager. Till på köpet finns det ett enormt växthuskomplex med vinterträdgårdar där man kan hitta alla möjliga sorters inhemska och utländska plantor och blommor – till exempel ett med kaktusar från Nord- och Sydamerika, och ett annat med enbart köttätande växter. Den roligaste aktiviteten för barnen däremot är den upphöjda promenadleden genom trädtopparna på den djungellika trädgården. Man kan även övernatta på Queen Sirikit Botanic Garden. Bungalowområdet har både en swimmingpool och stora lekplatser.

Vägbeskrivning: Till Queen Sirikit Botanic Garden tar man sig lättast med eget fordon, tuk-tuk eller taxi. Lämna Chiang Mai norrut via väg 107 och kör drygt 20 kilometer, sväng sedan vänster på väg 1096 och fortsätt i ytterligare 10 kilometer.

Öppettider: Dagligen 08.30 – 17.00.

Inträde: Vuxna 100 baht. Barn 50 baht.

Segway genom Chiang Mai

Arrangörerna av djungellinbanan Flight of the Gibbon ordnar även med turer genom Chiang Mai på Segways. Utflykterna är två timmar långa och guider på egna Segways följer alltid med. Ingen tidigare erfarenhet krävs utan man får träna på plats innan avfärd. Till och med relativt små barn klarar av att hantera en segway efter lite övning. Kraven är att man måste väga minst 40 kilo och som mest 113 kilo. Att åka segway är både bekvämt och funktionellt eftersom man kan ta sig till sevärda platser som annars är svåra att nå eller upptäcka. Segwayturen kan även kombineras med en tripp till djungellinbanan till ett reducerat pris. I segwayturerna ingår snacks med dryck. Max sex deltagare per grupp och instruktör.

Vägbeskrivning: Chiang Mai Segway Tours ligger i centrala Chiang Mai mittemot Tha Pae Gate. Under högsäsong är det bäst att boka tid.

Öppettider: Från morgon till kväll dagligen.

Pris: 1999 baht per segway och person.

Skridskoåkning och shopping

Central Festival är ett shoppingcentrum med branscher över hela Thailand. Branschen i just Chiang Mai kan stoltsera med att inneha områdets enda riktiga skridskorink, nämligen Sub-Zero Ice Skate Club, där man kan åka själv eller ta skridskolektioner till ett billigt pris. På Central Festival erbjuds det dessutom goda shoppingmöjligheter på både lokala småaffärer och välkända kedjor. Man kan även bowla på moderna banor och gå på bio. Därtill finns det en spelarkad för de lite äldre barnen. Central Festival utgör ett avkopplande storstadsalternativ till de övriga utflyktsmålen som i mångt och mycket är förlagda i djungeln eller högt uppe i bergen.

Vägbeskrivning: Till Central Festival tar man sig lättast till fots eller med tuk-tuk och taxi. Shoppingcentrumet ligger i den nordöstra delen av Chiang Mai.

Öppettider: Måndag till fredag 11.00 – 21.00. Lördag och söndag 10.00 – 22.00.

Pris skridskoåkning: Från 160 baht per timme. Heldag 500 baht.

Tiger Kingdom

Norr om Chiang Mai ligger Tiger Kingdom, vilket är en filial av Tiger Kingdom i Ubon Rachathani i nordöstra Thailand, som där går under namnet Ubon Zoo. På Tiger Kingdom i Chiang Mai lever ett stort antal tigrar som fötts upp på plats. Varje tiger har tagits om hand av en personlig tränare, vilket medför vissa etiska frågeställningar eftersom de då inte kan släppas ut i det fria vid vuxen ålder. Tigrarna på Tiger Kingdom är så pass tama att man som besökare kan gå in i deras inhägnader för att klappa, leka och ta foton. Det är ett stort område och därför bokar man enbart de inhägnader man vill besöka, och då i tio minuter åt gången. De större tigrarna kan vara skrämmande för barn medan tigerungarna är lika busiga och lekfulla som vanliga huskatter. Tränarna är på plats, vilket känns betryggande eftersom det inte finns något stängsel som skiljer en från djuren när man väl har stigit in i inhägnaderna.

Vägbeskrivning: Till Tiger Kingdom tar man sig lättast med eget fordon, tuk-tuk, taxi eller röd pickup. Lämna Chiang Mai norrut via väg 107, kör drygt 20 kilometer, sväng sedan vänster på väg 1096. Strax därefter ligger Tiger Kingdom på höger sida.

Öppettider: Dagligen 09.00 – 18.00.

Inträde: Priset baseras på antalet tigrar man vill träffa och kostar 500 – 1000 baht. Mängdrabatt erbjuds.

För närvarande gäller följande villkor:
1) besökaren måste vara 18 år och minst 160 cm lång för att träffa de stora tigrarna.
2) besökaren måste vara 15 år och minst 160 cm lång för att träffa de mellanstora tigrarna.
3) besökaren måste vara minst 140 cm lång för att träffa de små tigrarna.
4) besökaren måste vara minst 150 cm lång för att träffa de vita tigrarna.
5) inga krav gällande babytigrarna.

Tubing på floden Mae Ping

White water rafting och bamboo rafting är två populära sätt att ta sig nedför floderna omkring Chiang Mai, men det finns även ett tredje alternativ, nämligen så kallad tubing. Arrangören Chiang Mai Tubing & Beach Club ordnar med specialkonstruerade badringar med nackstöd och inbyggda dryckeshållare, som man i lugn mak kan flyta fram på medan man insuper den vildvuxna naturen. Remmar medföljer så att hela familjen kan knyta samman sina ringar till en enda jätteflotte. Därtill får man med sig flytande kylväskor för att kunna transportera mat och dryck på utflykten. Tubing är extremt bekvämt och inte minst roligt eftersom man kan bada och sola så mycket man vill. På Beach Club-området finns det till på köpet en mängd andra aktiviteter som man kan ta del av innan eller efter sin tubing, exempelvis badminton, volleyboll och hästskokastning.

Vägbeskrivning: Till Chiang Mai Tubing & Beach Club tar man sig lättast med företagets gratisbuss som plockar upp och lämnar av gäster i centrala Chiang Mai.

Öppettider: Dagligen från morgon till kväll.

Pris: 599 baht per person. Grupprabatter erbjuds.

HUA HIN & CHA-AM

Drygt 230 kilometer söder om Bangkok ligger de två städerna Hua Hin och Cha-Am, som knyts samman av en närmast oändligt lång strand. Och det är just den badvänliga stranden som lockar till sig många av de ofta återvändande turisterna.
Så väl Hua Hin som Cha-Am är dessutom lätta att ta sig runt i och passar perfekt för semestrande familjer. De båda samhällena, i synnerhet Hua Hin, är till på köpet mycket lugnare än många andra kuststäder i Thailand. Den kungliga familjen har ett sommarpalats i Hua Hin och detta har i mångt och mycket bidragit till att staden är ovanligt välskött och städad. För att inte säga trygg och billig.
Hua Hin och Cha-Am har dessutom blivit ett mycket populärt resmål bland skandinaviska familjer, vilket lett till att man slagit upp portarna för en helsvensk grundskola i södra Hua Hin, just för att möjliggöra vistelser som varar längre än ett par veckor. Det är helt enkelt en plats som man har svårt att lämna, för här hittar man en kombination av det bästa Thailand har att erbjuda: långa och barn- och badvänliga stränder, roliga utflykter för både stor och liten, annorlunda tempel, intressanta marknader och inte minst en genuin öppenhjärtighet från lokalbefolkningen.
Hua Hin och Cha-Am tillhör de där sällsynta platserna där ett positivt och ömsesidigt utbyte mellan turism och tradition har skapats.

Black Mountain Mini Golf & Wakeboard Park

Runt omkring Hua Hin finns det många goda möjligheter till golf, vilket kanske inte alltid lockar hela familjen. På Black Mountain har man å andra sidan inte bara en prisbelönt golfbana utan även en 18-håls minigolfbana. I närheten ligger dessutom Black Mountain Water Park (se avsnittet Vattenparker), volleybollbanor i sand och gräs, boulebanor och en av Thailands bästa wakeboardparker. Wakeboard är ett slags system för vattenskidor fast med en bräda som liknar en mindre snowboard. Man följer inte efter en båt utan åker via ett upphöjt kabelsystem som är kopplat till ett handtag i en vajer. För mer avancerade deltagare finns det hopp och hinder. Trots att det inte krävs någon som helst tidigare erfarenhet kan det vara för fysiskt påfrestande för de yngre i familjen. I övrigt kan man på Black Mountain hitta spa, tennisbanor, gym och luxuösa hotellrum. Detta är en förstklassig resort med överkomliga priser, i synnerhet om man enbart tänker använda sig av faciliteterna som erbjuds.

Vägbeskrivning: Till Black Mountain tar man sig lättast med eget fordon, tuk-tuk eller taxi. Black Mountain ligger drygt 15 kilometer väster om Hua Hin. Lämna Hua Hin via soi 70, sväng in på väg 3218, ta sedan höger på väg 1049 och fortsätt i drygt 10 kilometer.

Öppettider: Wakeboard och minigolf dagligen 10.00 – 18.00.

Pris wakeboard: 2 timmar för 600 baht. 4 timmar för 900 baht. Hela dagen för 1 200 baht.

Black Sheep Farm

Ungefär 20 kilometer väster om Hua Hin ligger den lilla gården Black Sheep Farm. Här kan man få träffa och mata får, getter, ankor, rådjur, fiskar och kaniner. Området är välskött och djuren mår mycket bra och har tillräckligt stora inhägnader att röra sig inom. I och med att flera av djuren ibland springer lösa, exempelvis de mycket hungriga och närgångna ankorna och killingarna, passar sig Black Sheep Farm för familjer som tycker om att komma djur nära. Det är en liten gård och besöket varar inte mer än dryga timmen. I närheten ligger dock det mycket välkända och berömda templet Huay Mongkol med jättestatyn av munken Luang Phor Toad. Tempelområdet är stort och inhyst i en park med vackra vattendrag och promenadstråk. Black Sheep Farm och Wat Huay Mongkol utgör tillsammans en trevlig heldagsutflykt.

Vägbeskrivning: Till Black Sheep Farm tar man sig lättast med eget fordon, taxi eller tuk-tuk. Lämna Hua Hin via soi 70, sväng höger på väg 3218 och följ den mot Wat Huay Mongkol. Till Black Sheep Farm svänger man vänster vid korsningen precis innan Wat Huay Mongkol, och sedan höger efter drygt 500 meter.

Öppettider: Dagligen 09.00 – 17.00.

Inträde: Vuxna 50 baht. Barn (under 10 år) 30 baht.

Camel Republic Cha-Am

Något som har blivit ett kännetecken för Hua Hin och Cha-Am är det stora antalet temaparker som har vuxit upp under de senaste åren. Camel Republic är en av dem, och liksom många andra nöjesparker i Thailand är det en kombination av zoo och tivoli. På området, likt namnet antyder, finns det djur från Mellanöstern, till exempel alpackor och kameler, som man kan mata och gå på ridturer med. Andra annorlunda djur inkluderar giraffer, flamingos och ett stort antal papegojarter, vars burar man kan stiga in i för att mata de mycket orädda och nyfikna fåglarna. Tivolidelen är liten men modern med flera klassiska attraktioner så som fritt fall och slänggungor. Därtill finns det bland annat en spelarkad med hoppborgar, 4D-bio, långa linbanor och en påkostad vindtunnel som låter en sväva fritt i tomma luften. På Camel Republic kan alla i familjen hitta något som passar ens humör och intresse. Parken ligger dessutom bara ett stenkast ifrån andra roliga, och inte minst stora, utflyktsmål i Cha-Am.

Vägbeskrivning: Till Camel Republic tar man sig lättast med eget fordon, taxi, tuk-tuk eller den rödorange lokalbussen. Följ väg 4 från Hua Hin till Cha-Am. Camel Republic ligger mittemot Santorini Park.

Öppettider: Måndag till fredag 10.00 – 18.00. Lördag och söndag 09.00 – 18.30.

Inträde: Vuxna 150 baht. Gratis inträde för barn under 100 cm. De flesta aktiviteter kostar 100 – 200 baht.

Cha-Am ATV Park

Mellan Hua Hin och Cha-Am ligger Cha-Am ATV Park. Här kan man testa på fyrhjulingar i olika storleksklasser. Banorna som anlagts har anpassats till förarnas ålder och erfarenhet. För nybörjare och yngre finns det träningsrundor där man kan öva i lugn och ro, och för de lite mer erfarna förarna har man utanför själva parkområdet dragit upp krävande spår som går både genom och över olika sorters hinder och vattendrag. Cha-Am ATV Park är även populärt bland folk som gillar paintball eftersom deras paintballbana är stor nog för att tillåta riktigt många spelare på en och samma gång. I övrigt erbjuds det hästridning och en ordentlig anläggning för pilbågsskytte, som riktar sig till både nybörjare och avancerade skyttar. Cha-Am ATV Park är, trots namnet, så mycket mer än bara fyrhjulingar. Här kan man tillbringa hela dagen, oavsett ålder.

Vägbeskrivning: Till Cha-Am ATV Park tar man sig lättast med eget fordon, taxi, tuk-tuk eller rödorange lokalbuss. Området ligger 20 kilometer från Hua Hin längs med väg 4 mot Cha-Am.

Öppettider: Dagligen 09.00 – 18.00 (stängt onsdagar).

Pris: Paintball från 600 baht. Pilbågsskytte från 400 baht. ATV (fyrhjulingar) från 1 000 baht.

Fiske- och båtturer

Hua Hin och Cha-Am är kuststäder och därmed finns det goda möjligheter till både fiske- och båtturer. Man kan välja mellan fiske till havs, som då kombineras med en båttur, eller sötvattensfiske i konstgjorda sjöar. Väljer man att bege sig ut med båt bör man veta att detta gör sig bäst på högsäsongen mellan november och maj, det vill säga efter det att regnsäsongens monsuner dragit förbi. Vill man kombinera båttur med bad och snorkling kan man åka till den lilla och oexploaterade ön Singtho, som ligger på synligt avstånd ifrån stranden i Hua Hin. Det finns en uppsjö av mindre resebyråer i centrala Hua Hin och Cha-Am som arrangerar olika turer. Väljer man sötvattensfiske däremot bör man ta sig till Hua Hin Fishing Lodge. På Hua Hin Fishing Lodge finns det två mindre sjöar där över fyrtio olika fisksorter har planterats in. De sträcker sig från små arter på bara ett par gram till arapaimafiskar på över 80 kilo. Man behöver inte ta med sig någon egen utrustning utan allt går att hyra på plats. På området har man även anlagt en större lekpark. Det går bra att övernatta vid sjön i moderna bungalows.

Vägbeskrivning: Till Hua Hin Fishing Lodge tar man sig lättast med eget fordon, taxi eller tuk-tuk. Lämna Hua Hin via soi 70 och sväng höger på väg 3218. Fortsätt i ett par kilometer och sväng sedan in på väg 1049. Kör i ytterligare några kilometer.

Öppettider: Från morgon till kväll.

Pris: Dagfiske i sjö för fiskar upp till 25 kilo kostar 300 baht för barn och 600 baht för vuxna. Dagfiske i sjö med de största fiskarna kostar 1 500 baht per person. Önskas nattfiske tillkommer det en avgift. Rabatt erbjuds i kombination med övernattning.

Go Kart Hua Hin

På Go Kart Hua Hins banor trivs både vuxna och barn. Banorna är varierade, liksom fordonen och storleksklasserna, vilket gör att turerna kan anpassas till person, ålder och skicklighet. Dessutom har man särskilda tider för de yngsta förarna, dock ej yngre än 7 år. Dessa tider kan växla något och man bör kontrollera schemana på företagets webbsida innan ett besök. För de vuxna gäller däremot drop-in. Bokning rekommenderas dock om man planerar att köra i större grupper. Det finns även gokarts med passagerarsäten så att föräldrarna kan åka tillsammans med de barn som inte vill eller klarar av att köra själva. Det anordnas dessutom tävlingar på Go Kart Hua Hin, vilka är öppna för allmänheten och som vem som helst kan ställa upp i. Den kanske mest spektakulära är Full Moon Race, och liksom namnet antyder går tävlingen av stapeln en gång i månaden.

Vägbeskrivning: Till Go Kart Hua Hin tar man sig lättast med eget fordon, taxi, tuk-tuk, grön pickuptaxi eller rödorange lokalbuss. Banorna ligger strax mittemot flygplatsen på Hua Hin soi 2.

Öppettider: Dagligen 10.30 – 19.00 (nattkörning bokas separat).

Pris: Beroende på fordonsstorlek och körtid startar priset på 400 baht per person.

Havs- och strandaktiviteter

Stranden i Hua Hin och Cha-Am är mycket lång och tar egentligen aldrig slut. Istället är den upphackad i mindre delar av avgränsande berg och bostadsområden. Söder om Hua Hin slutar exempelvis stranden vid bergskullen Khao Takiab, men fortsätter likväl på andra sidan i kilometer efter kilometer. Med egen skoter eller bil är det mycket möjligt att hitta sin egen lilla oas längs med det vidsträckta havsbrynet. Om det är aktiviteter man istället är ute efter så erbjuds det en rad roliga och spännande alternativ. Det finns bland annat bananaboats, kayaking, jetskies, SUP (Stand Up Paddle Board), kitesurfing och kiteboarding. Just kitesurfing och kiteboarding har blivit ganska stort i Hua Hin och Cha-Am eftersom det sällan är vindstilla på stranden. Inga aktiviteter behöver bokas i förväg och kostnaderna brukar ligga runt ett par hundra baht beroende på vad man vill göra och hur länge man vill göra det. Aktiviteterna är utspridda längs med stranden. På den norra och södra sidan av kullen Khao Takiab ligger några av de bästa ställena. Alla havs- och strandaktiviteter gör sig bäst mellan slutet av oktober och början av maj.

Hua Hin Horse Club

Om man gillar hästar så kan man hitta flera olika ridalternativ i Hua Hin och Cha-Am. På stranden kan man till exempel rida mellan tjugo och sextio minuter till en kostnad av 300 – 800 baht. Om man är intresserad av längre turer under mer ordnade former och med hästar från riktiga stall så rekommenderas emellertid Hua Hin Horse Club. Där erbjuds det både heldags- och halvdagsturer med kvalificerad personal samt kortare turer i så väl grupp som i privat regi. Barn och tonåringar under sexton år kan dessutom få hjälpa till med att rykta och ta hand om hästarna för en mindre slant. En favorit bland hel- och halvdagsutflykterna är ritten till Khao Tao Lake, vilket inkluderar ett badstopp i havet tillsammans med hästarna. Utflykten varar i cirka 4 timmar. Samtliga turer och träningspass kan anpassas till både nybörjare och erfarna ryttare.

Vägbeskrivning: Till Hua Hin Horse Club tar man sig lättast med eget fordon, taxi eller tuk-tuk. Hua Hin Horse Club ligger mellan soi 114 och 116 i södra Hua Hin.

Öppettider: Dagligen från morgon till kväll eller enligt överenskommelse.

Pris vuxna: Ridtur eller träningsridning i grupp 1 000 baht per timme. Ridtur eller träningsridning privat 1 200 baht per timme. Halvdagsutflykt (cirka 4 timmar) 2 000 baht.

Pris barn: Ridtur eller träningsridning i grupp 800 baht per timme. Ridtur eller träningsridning privat 1 000 baht per timme. Rykta/sköta häst 200 baht per timme. Halvdagsutflykt (cirka 4 timmar) 2 000 baht.

Hua Hin Safari & Adventure Park

Strax söder om Hua Hin ligger Hua Hin Safari & Adventure Park och här har man samlat flera olika aktiviteter på en och samma plats. Listan är lång på vad man kan göra. Safarituren och elefanttrekkingen är de populäraste. För de som inte vill rida på elefanter finns det hästar att tillgå, och ritterna som erbjuds är mellan trettio och sextio minuter långa. Ingen tidigare erfarenhet krävs. Man kan även åka häst och vagn på en tur genom landskapet, vilket inkluderar ett stopp på områdets egen ananasodling. Vill man åka i någonting snabbare finns det ATVs (fyrhjulingar) att hyra. Man har anlagt banor med olika svårighetsgrader och de mest krävande är förlagda uppe i bergen. I parken har man dessutom byggt en paintballbana. Hua Hin Safari & Adventure Park är stort och vill man inte gå på trekking eller safari så kan man alltid stanna kvar på området och se orm-, elefant- och krokodilshowerna.

Vägbeskrivning: Till Hua Hin Safari & Adventure Park tar man sig lättast med parkens egen busservice. De erbjuder gratis transfer från alla hotell i Hua Hin. Kör man själv så följer man väg 4 söderut för att strax efter Banyan Golf Park ta höger mot bergen.

Öppettider: Dagligen 08.00 – 17.00.

Pris: Priserna varierar beroende på aktivitet. Ingen aktivitet eller utflykt, inklusive trekkingen, kostar över 1 000 baht per person. Rabatter erbjuds för gruppbokningar och kombibiljetter.

Huai Sai Wildlife Breeding Centre

Huai Sai Wildlife Breeding Centre är inget egentligt zoo utan en statlig verksamhet under så kallat kungligt beskydd som verkar för att föda upp och bevara hotade arter i Thailand. Man har i huvudsak fokuserat sig på fåglar, apor, rådjur och trädpiggsvin. Djuren är väl omhändertagna och får röra sig fritt på relativt stora ytor, i synnerhet rådjuren. Aporna, vilka det finns ett stort antal olika arter av, huserar i så väl burar som på små öar som uppförts omkring vattendragen i parken. Huai Sai Wildlife Breeding Centre passar alla i familjen som är intresserade av djur, och eftersom det inte är ett zoo i den traditionella bemärkelsen är det ofta folktomt och mycket lugnt. Det finns inga restauranger i närheten, dock en liten affär vid ingången till området där man kan köpa bananer, grönsaker och gräs för att mata djuren.

Vägbeskrivning: Till Huai Sai Wildlife Breeding Centre tar man sig lättast med eget fordon, taxi eller tuk-tuk. Lämna Hua Hin norrut på väg 4. Kör mot Cha-Am i drygt 10 kilometer och sväng sedan vänster på väg 1010. Fortsätt i drygt 4 kilometer. Huai Sai Wildlife Breeding Centre ligger på vänster sida.

Öppettider: Dagligen 08.00 – 16.30.

Inträde: Gratis.

Hutsadin Elephant Foundation

Strax väster om Hua Hin ligger en ideell, icke vinstdrivande organisation som tar hand om elefanter som antingen övergetts eller misskötts. Personalen består av så väl utbildade tränare – så kallade mahouter – som veterinärer och volontärer. I och med att organisationen lever på begränsade bidrag så har man även börjat arrangera aktiviteter för turister i hopp om att dryga ut kassan. Huvudattraktionen är elefanttrekkingen i de omkringliggande skogarna och kullarna. Man kan även välja att rida barbacka. Därtill har man ordnat en trevlig elefantshow med de mindre djuren. Det ges även tillfälle att bada och tvätta elefanterna. En annan aktivitet, som dock enbart riktar sig till vuxna, är att göra praktik som mahout. Det finns inget fast schema utan man får ta hand om de aktiviteter och göromål som är nödvändiga för den specifika dagen, vilket exempelvis kan inkludera att administrera medicin och sköta utfodringen. Mahout-praktiken måste bokas i förväg, antingen på plats eller via organisationens hemsida.

Vägbeskrivning: Till Hutsadin Elephant Foundation tar man sig lättast med eget fordon, taxi eller tuk-tuk. Lämna Hua Hin via soi 70, sväng höger på väg 3218 och fortsätt i någon kilometer.

Öppettider: Dagligen 09.00 – 18.00. Mahout-praktik måndag, onsdag och fredag 09.00 – 12.00.

Pris vuxen: Trekking 1 timme för 800 baht. Trekking ½ timme för 600 baht. Mahout-praktik 3 timmar för 1 000 baht. Elefantshow 300 baht. Rida barbacka 20 minuter, samt bad av elefant, för 1 000 baht.

Pris barn: Trekking 1 timme för 600 baht. Trekking ½ timme för 400 baht. Elefantshow 150 baht. Rida barbacka 20 minuter, samt bad av elefant, för 1 000 baht.

Kampsport och fitness för barn och vuxna

I södra Hua Hin, strax innan miniberget Khao Takiab, ligger Palapon Martial Arts & Holistic Fitness Camp där man bland annat kan träna thaiboxning, kung-fu, yoga och tai chi. Fokus ligger inte på den enskilda träningsgrenen utan på att skapa ett sunt helhetstänk som tar både kropp och själ i beaktande. Träningen är ofta förlagd till inspirerande platser uppe bland bergstemplen eller nere på stranden. Träningen riktar sig inte bara till vuxna utan även till barn och unga. Dessutom har man möjligheten att skräddarsy sina lektioner så att hela familjen kan träna tillsammans.

Vägbeskrivning: Till Palapon Martial Arts tar man sig lättast med eget fordon, taxi, tuk-tuk eller grön pickuptaxi. Träningslokalen ligger i södra Hua Hin mittemot Cicada Market.

Öppettider: Dagligen 06.00 – 19.00.

Pris: Priset startar på ett par hundra baht per lektion. Mängd- och barnrabatt erbjuds.

Khao Takiab och Aptemplet

Det lilla berget Khao Takiab är synligt från centrala Hua Hin. Det ligger i den södra änden av stranden, och om man väljer att promenera dit bör man ha med sig både solhatt och solskyddskräm, i synnerhet på molnfria dagar. På toppen av berget ligger vad som i folkmun kallas för Aptemplet, och som namnet antyder kryllar det med jämna mellanrum av stora och små makaker. Ibland kan de bli riktigt närgångna och man uppmanas att hålla hårt i kameror och handväskor. Tempelområdet i sig är fascinerande och det första man möts av, på väg uppför de slingrande trapporna längs med bergsväggen, är en tjugo meter hög guldmålad Buddhastaty. På båda sidorna av berget ligger utmärkta badstränder för hela familjen, där man bland annat kan hyra jetskies, åka bananaboat och surfa med kiteboards.

Vägbeskrivning: Till Khao Takiab tar man sig lättast med den gröna pickup-taxin. Khao Takiab är slutstationen i södra Hua Hin.

Öppettider: Från morgon till kväll.

Magic Balloon Park

Strax utanför Cha-Am ligger Magic Balloon Park. Här kan man tveklöst ta de absolut bästa bilderna och njuta av den absolut bästa utsikten i så kallade vertikala ballongfärder. För att öka säkerheten använder sig företaget av enorma heliumballonger istället för av varmluftsballonger, och de största korgarna rymmer upp till 20 personer. Man stiger till en höjd av 100 meter. Ballongen är förankrad i marken med vajrar som hindrar den från att driva iväg och i korgen finns det selar att haka fast sig i för att inte trilla ut. Företaget är försäkrat och vid dålig väderlek ställs flygningarna in. De mest populära flygningarna sker strax innan solnedgången och på morgonen. Under högsäsongen rekommenderas det att boka i förväg om man vill åka upp på de bästa tiderna. På området har man även anlagt en stor lekpark.

Vägbeskrivning: Till Magic Balloon Park tar man sig lättast med eget fordon, taxi, tuk-tuk eller rödorange lokalbuss. Ta väg 4 från Hua Hin mot Cha-Am. Magic Balloon Park ligger vid "1000 Suk Food and Farm", ett par kilometer norr om Santorini Park.

Öppettider: Dagligen 08.00 – 12.00 och 16.00 – 20.00.

Pris: Vuxna 550 baht. Barn 6 – 12 år 300 baht. Gratis för barn under 6 år.

Marknader i Hua Hin

I Hua Hin finns det fyra stora kvällsmarknader samt två moderna shoppingcentrum. Och de alla är värda många och upprepade besök.

Hua Hin Night Market & Chatsila Night Market

Placerat mitt i stan längs med soi 72 ligger Hua Hin Night Market. Om man är ute efter billig shopping, massage, god gatumat eller annorlunda delikatesser så är det hit man ska gå. Vägen är kantad av stånd som säljer allt mellan himmel och jord. Hua Hin Night Market öppnar klockan 18.00 varje dag och stänger strax före midnatt. Det är livligt och trångt men med en mycket trevlig och öppenhjärtig atmosfär. Att äta middag på någon av de många sidorestaurangerna och inspektera det pulserande gatulivet är både kul och spännande. Därtill ligger Chatsila Night Market i direkt anslutning till Hua Hin Night Market. Chatsila Night Market upptar större delen av ett kvarter och erbjuder shopping blandat med konst, konstutställningar, porträttmålningar, massage och fiskspa.

Cicada Market

Mittemellan det lilla berget Khao Takiab, med det så kallade Aptemplet, och centrala Hua Hin ligger Cicada Market. Till skillnad från Hua Hin Night Market är Cicada Market enbart öppet från fredag eftermiddag till söndag kväll. Dessutom handlar Cicada Market inte bara om shopping, utan här kan man även hitta en intressant mix av konstutställningar, teaterföreställningar, stora gratiskonserter, gatuartister och traditionella shower med musik och dans. Marknaden ligger i en park som på kvällen vaknar till liv med vackra utsmyckningar, pulserande lampor och rogivande fontäner. Många av försäljarna på Cicada är konstnärer från lokala universitet och konstskolor. På Cicada Market kan man dessutom äta mycket gott och inte minst varierat. I mitten av parken ligger ett stort restaurangområde som liknar ett slags matfestival med både västerländska och thailändska kök. Vid entrén växlar man till sig kuponger som sedan används till att köpa olika rätter från de många minirestaurangerna. Kuponger som ej använts kan sedermera växlas tillbaka till kontanter.

Grand Market Hua Hin

Mellan Cicada Market och Hua Hin Night Market ligger Grand Market Hua Hin, precis bredvid San Paolo Hospital på Petchkasem Road. Grand Market Hua Hin har öppet varje kväll och är en mer traditionell marknadsplats i jämförelse med Cicada och Hua Hin Night Market. Det är en mycket livlig plats med många gatustånd, restauranger, massagesalonger och besökare. Det är i huvudsak denna marknad som lokalbefolkningen går till, vilket påverkar prissättningen. Det är något billigare här än på Hua Hin Night Market, trots det snarlika utbudet, och maten något mer thailändsk än västerländsk. Här finns det även ett par barer som med jämna mellanrum erbjuder mindre konserter och framträdanden av lokala rockartister.

Plaern Wan Shopping Village

I norra Hua Hin, mellan soi 38 och 40, ligger Plaern Wan Shopping Village, som är en annorlunda och mycket trevlig marknadsplats. Området är nytt men byggt enligt hur det såg ut i Hua Hin under 1950-talet, och själva shoppingen hamnar nästan i bakgrunden eftersom husen är så pass unika och inbjudande. Plaern Wan Shopping Village är nämligen inte beläget på ett öppet markområde, som marknader brukar vara, utan inhyst i ett helt kvarter som, likt ovan nämnts, uppförts i form av en äldre traditionell by. Plaern Wan Shopping Village är öppet dagtid men området gör sig absolut bäst på kvällen. Man har även slagit upp ett klassiskt tombolaområde bredvid en trevlig utomhusbio som visar gratisfilmer under helgerna. Maten står i mångt och mycket i fokus på Plaern Wan, och då i synnerhet traditionella thailändska desserter, bakelser och sötsaker.

Hua Hin Market Village och Blu'Port

Ett relativt nytt tillägg till shoppingscenen i Hua Hin är Hua Hin Market Village, som ligger en dryg kilometer söder om centrala Hua Hin på huvudleden Petchkasem Road. Det är ett modernt shoppingcentrum med allt vad man kan tänkas vilja ha. Inte minst västerländsk snabbmat, i fall man tröttnat på den lokala maten. Affärerna består av en kombination av mindre thailändska butiker, vilka ligger bland de långa shoppinggångarna på bottenvåningen, och väletablerade kedjor som säljer märkesartiklar, möbler och elektronik blandat om vartannat med banker, apotek och små kuriosaaffärer. För de som bor i Hua Hin, eller har tillgång till kök i sitt semesterboende, finns det en mycket bra matvarubutik. På den översta våningen ligger ett underhållningskomplex med biografer, bowling, biljard, en spelarkad och ett stort lekland. Hela shoppingcentrumet är luftkonditionerat, vilket lockar till sig många besökare under särdeles varma dagar. Nyligen öppnades ett konkurrerande shoppingcentrum, Blu'Port, bara ett par hundra meter längre ned på vägen. Detta shoppingcentrum är extremt luxuöst för att vara beläget utanför Bangkok, och har en så kallad Underwater Theme Park för alla barn och tonåringar.

Nationalparker

I närheten av Hua Hin ligger två nationalparker som är väl värda ett besök. Om man vill bada, så kan man åka till vattenfallen i Pala-U. Känner man för att utforska grottor eller campa, bör man däremot ta sig till Khao Sam Roi Yot.

Vattenfallen i Pala-U

Ett av Thailands högsta vattenfall ligger väster om Hua Hin mot gränsen till Burma. Det består av sexton olika nivåer och om man enbart har uthålligheten som krävs är det möjligt att ta sig hela vägen upp och därifrån få en magnifik utsikt över både Thailand och Burma. För barnfamiljer räcker det gott och väl med de tre eller fyra första nivåerna, vilka erbjuder många fina vattenfall och djupa pooler med klart färskvatten som man kan bada och leka i. Det finns dessutom gott om både stora och små fiskar, men i och med att Pala-U är beläget i en nationalpark råder det strikt fiskeförbud. Efter långa dagar på stranden, och i salt havsvatten, kan detta vara ett mycket avkopplande badalternativ.

Vägbeskrivning: Till Pala-U tar man sig lättast med eget fordon, lokalbuss eller taxi. Lämna Hua Hin via soi 70, sväng höger på väg 3218, fortsätt sedan på väg 3219 mot Pala-U drygt 60 kilometer västerut. Lokalbussen avgår från Hua Hin soi 70.

Öppettider: Dagligen 08.00 – 17.00.

Inträde nationalpark: Vuxna och barn 50 – 400 baht beroende på hur högt upp bland vattenfallen man vill ta sig.

Khao Sam Roi Yot

På ett ungefär lika stort avstånd från Hua Hin, dock söderut, ligger nationalparken Khao Sam Roi Yot. I denna park finns det inga vattenfall att bada i, men däremot långa och mer eller mindre orörda stränder. Parken ligger utslängd runt, över och mellan ett par berg, vilket medför vackra vandringsleder till utkiksplatser över både nationalparken och havet. Omkring bergen finns det mangroveträsk och sumpmarker fyllda av djurliv, och för en mindre peng erbjuds det båtturer genom det vildvuxna landskapet. I bergen, som reser sig med start vid strandkanten, kan man därtill hitta flera intressanta grottsystem. Vissa med stora hålrum utsmyckade likt tempel, andra i form av trånga gångar fulla av sovande fladdermöss. Till på köpet ligger Thailands största sötvattensträsk i Khao Sam Roi Yot och genom området har man anlagt en kilometerlång träbro. Vill man stanna över natten finns det bungalows att hyra. Ett långt mycket mer spännande, och inte minst billigare, alternativ är att hyra ett tält vid någon av de två campingplatserna.

Vägbeskrivning: Till Khao Sam Roi Yot tar man sig lättast med eget fordon eller taxi. Nationalparkens norra del ligger endast 27 kilometer söder om Hua Hin, däremot behöver man tillryggalägga ytterligare 25 kilometer för att nå huvudkontoret. Kör man själv så tar man väg 4 till Pranburi, svänger vänster på väg 3168 och fortsätter i cirka 5 kilometer till väg 1020. På väg 1020 är det ytterligare 32 kilometer till huvudkontoret. Samtliga grottor och stränder passeras dock långt innan man anländer till huvudkontoret.

Inträde: Det är gratis att besöka Khao Sam Roi Yot. Dock kan vissa mindre avgifter dyka upp vid grottsystemen. Boende går på 200 – 2 000 baht per natt.

Paramotor Flying Hua Hin

Något av det mest spännande man kan göra i Hua Hin är att flyga så kallad Paramotor. En Paramotor är ett litet trehjuligt mikroplan med en propeller bakpå och en stor fallskärm i selar ovanpå. Med hjälp av propellern lyfter mikroplanet från startbanan och segelflyger sedan på önskad höjd. Paramotor Flying anses vara ett av de säkraste sätten att flyga eftersom farten är låg och höjden begränsad. Frasen "Flying Low and Slow" summerar det hela. På Paramotor Flying Hua Hin arbetar enbart kvalificerad personal som certifierats av både europeiska och amerikanska organisationer. Själva flygningen går till så att man är två i det lilla planet, den betalande gästen samt flyginstruktören som manövrerar farkosten. Man behöver ingen tidigare träning eller erfarenhet och det finns ingen åldersgräns. Aktiviteten är öppen för alla som inte lider av höjdskräck.

Vägbeskrivning: Kontoret Sky Club Asia ligger i närheten av centrala Hua Hin. Åk söderut mot Khao Takiab och ta höger på soi 102 för att korsa tågspåret. Själva flygturen avgår från ett flygfält drygt 30 kilometer söder om Hua Hin, i närheten av nationalparken Khao Sam Roi Yot.

Öppettider: Dagligen från morgon till kväll.

Pris: Standardtur med instruktör för 3 900 baht per person.

Santorini Park Cha-Am

Strax utanför Cha-Am ligger den annorlunda shopping- och tivoliparken Santorini Park. Platsen har byggts upp med de grekiska öarna som förebild och samtliga byggnader i området är låga och traditionellt vitmålade i enlighet med originalet. Santorini är den temapark omkring Hua Hin och Cha-Am som har lyckats bäst med att återskapa känslan och stilen av en främmande plats. Själva parken är uppdelad i tre områden: ett för shopping, ett för nöjen och ett för bad- och vattenlek. I det första området, som är den grekiska lilla byn, finns det ett stort urval av märkesbutiker och trevliga thailändska och västerländska restauranger och kaféer. Det andra området upptas av snabba åkattraktioner och klassiska karuseller blandat om vartannat med 4D- och 7D-biografer, lekrum med faktisk snö och stora zorbbollar. I den tredje delen har man anlagt en mycket modern vattenpark med några av de största vattenrutschkanorna i Thailand (se avsnittet Vattenparker).

Vägbeskrivning: Till Santorini Park tar man sig lättast med eget fordon, tuk-tuk, taxi eller den rödorange lokalbussen. Santorini Park ligger precis utanför Cha-Am på väg 4, mittemot Camel Republic.

Öppettider: Måndag till fredag 10.00 – 19.00. Lördag och söndag 09.00 – 19.00.

Inträde: Barn och vuxna 150 baht. Åkattraktioner 120 – 240 baht per karusell.

Swiss Sheep Farm Cha-Am

I Cha-Am ligger Swiss Sheep Farm där man kan, liksom på Black Sheep Farm utanför Hua Hin, komma mycket nära djuren. Swiss Sheep Farm är emellertid en temapark vars tänkta koncept är en typisk västeuropeisk bondgård. Här finns det i och för sig exotiska djur som man vanligtvis inte stöter på på en schweizisk bondgård. Utöver att mata och klappa djuren på den stora gården kan man även ta del av flera andra roliga aktiviteter, till exempel bågskytte och en tur med häst och vagn genom det kuperade landskapet. Parken lämpar sig utmärkt för en trevlig picknick, brunch eller lunch. Swiss Sheep Farm Cha-Am har till på köpet blivit något av ett lokalt utflyktsmål för förälskade och nygifta par i Thailand, och det är inte helt ovanligt att man får se uppklädda bröllopspar och bröllopsfotografer springa omkring på området.

Vägbeskrivning: Till Swiss Sheep Farm tar man sig lättast med eget fordon, tuk-tuk, taxi eller den rödorange lokalbussen. Parken ligger precis utanför Cha-Am på väg 4, mittemot Santorini Park.

Öppettider: Måndag till fredag 10.00 – 19.00. Lördag och söndag 09.00 – 19.00.

Inträde: Vuxna 50 baht. Barn 30 baht.

Vattenparker

I Hua Hin och Cha-Am finns det kilometerlånga stränder med utmärkta badmöjligheter. Om man däremot är ute efter lite mer spänning, så kan man alltid besöka någon av de tre moderna vattenparkerna i området.

Black Mountain Water Park

Black Mountain Water Park består av ett stort antal pooler och nio vattenrutschkanor som startar från olika nivåer i ett 17 meter högt torn. Den längsta är en snirklande bana på hela 86 meter medan den kortaste är bred nog för att hela familjen ska kunna åka tillsammans. Poolerna är lika varierade som vattenrutschkanorna. Till exempel finns det en vågpool som skapar upp till två meter höga dyningar, en äventyrspool för de yngre barnen, ett slags uppblåsbar hoppborg för de lite större barnen, en spapool för de vuxna samt en kanal med lätta strömmar som man flyter fram i på stora badringar. På Black Mountain kan man hyra handdukar och låna skåp för förvaring av värdesaker. Restaurangerna på området serverar både västerländsk och thailändsk mat och har fullständiga rättigheter. Badvakter med livräddarutbildning finns på plats.

Vägbeskrivning: Till Black Mountain Water Park tar man sig lättast med vattenparkens egen gratisbuss som avgår från klocktornet i Hua Hins centrum flera gånger dagligen. Black Mountain Water Park ligger drygt 15 kilometer väster om Hua Hin. Lämna Hua Hin via soi 70, sväng in på väg 3218, ta sedan höger på väg 1049 och fortsätt i drygt 10 kilometer.

Öppettider: Dagligen 10.00 – 18.00.

Inträde: Vuxna (över 140 cm) 600 baht. Barn (90 – 140 cm) 300 baht. Gratis inträde för barn under 90 cm.

Santorini Water Fantasy

Santorini Water Fantasy är, liksom Vana Nava, en mycket modern och nyskapande vattenpark. Blandningen av rutschkanor och pooler är stor och varierad och i utbudet finns några av de kanske originellaste vattenrutschkanorna i hela Thailand. Därtill har man byggt lekparker med sprutande fontäner och grunda pooler för de allra minsta barnen. Parken är ny och därmed ren, häftig och med smarta lösningar för allt från betalningssystem till skåp och förvaring. Badvakterna har livräddarutbildning och det finns gott om solstolar, serveringar och möjligheter till avkoppling medan barnen roar sig. Som en bonus ligger Santorini Water Fantasy vägg i vägg med Santorini Park.

Vägbeskrivning: Till Santorini Water Fantasy tar man sig lättast med eget fordon, tuk-tuk, taxi eller den lokala rödorange bussen. Vattenparken ligger strax utanför Cha-Am på väg 4, mittemot Camel Republic.

Öppettider: Måndag till fredag 10.00 – 19.00. Lördag och söndag 09.00 – 19.00.

Inträde: Vuxna 900 baht. Barn (90 – 119 cm) 350 baht. Rabatter för seniorer.

Vana Nava Hua Hin Water Park

Strax söder om centrala Hua Hin ligger en nybyggd vattenpark med några av de största vattenrutschkanorna i hela Asien, vilket inkluderar en flera våningar hög lekfästning kallad The Rain Fortress. Lazy River är en annan favorit bland besökarna – en kanal som glider fram genom små grottor och tropiska landskap – för att inte nämna de gigantiska trattarna som man kanar nedför i stora gummiflottar. På Vana Nava finns det något för alla, oavsett hur feg eller modig man är. På kvällarna bjuds det dessutom på underhållning, ibland med kända artister. Till på köpet har man anlagt en liten äventyrspark, The Adventure Zone, där man kan klättra på rejäla klätterväggar eller ta sig fram längs med en flera våningar hög repbana. Man har även installerat en så kallad Flow Rider, snarlik utrustningen på The Flow House Bangkok, som genererar surfvågor i en sluttande pool. På Vana Nava kan man äta och dricka vid serveringar med fullständiga rättigheter. Badvakter med livräddarutbildning finns på plats.

Vägbeskrivning: Till Vana Nava tar man sig lättast med parkens egen gratisbuss som avgår från Hua Hin Clock Tower flera gånger dagligen. Vana Nava ligger strax utanför centrala Hua Hin, några hundra meter innan soi 89.

Öppettider: Water Park dagligen 10.00 – 18.00. Adventure Zone dagligen 10.00 – 21.00.

Inträde Water Park: Vuxna (över 122 cm) 1 000 baht. Barn (91 cm – 121 cm) 600 baht. Seniorer (över 60 år) 600 baht. Familjepaket (2 vuxna + 2 barn) 2 600 baht.

Pris Adventure Zone: 150 – 400 baht beroende på aktivitet.

The Venezia

En av de största temaparkerna i Hua Hin och Cha-Am är The Venezia. Området är uppbyggt med Venedig som förebild och är ett färgglatt shoppingcentrum med en stor paradgata. Det finns emellertid, liksom på liknande parker, mycket att göra utöver själva shoppingen. Exempelvis kan man besöka ett litet stall med hästar och får, gå på 3D-galleri av typen Art in Paradise i Bangkok och Chiang Mai eller åka karuseller och spela spel i arkaden. Området är så pass stort att man även har anlagt en liten kanal där man kan glida fram i klassiska gondoler. Stora delar av The Venezia ligger under upphöjda tak för att skapa skugga och det är även här man hittar det lilla tivolit. Tråkigt nog stänger The Venezia ned vissa områden under dagar med få kunder. För att få ut det mesta av besöket bör man således åka under högsäsongen, och då helst på kvällen på en lördag eller söndag.

Vägbeskrivning: Till The Venezia tar man sig lättast med eget fordon, tuk-tuk, taxi eller den lokala rödorange bussen. Parken ligger drygt 10 kilometer norr om Hua Hin på väg 4.

Öppettider: Dagligen 10.00 – 23.30 (öppettiderna kan variera beroende på säsong).

Inträde: Kombibiljetter för inträde och olika aktiviteter kostar 50 – 700 baht.

Waghor Aquarium

Utanför provinshuvudstaden Prachuap Khiri Khan, som ligger drygt 65 kilometer söder om Hua Hin, finns Waghor Aquarium. Detta akvarium består bland annat av en undervattenstunnel och flera stora akvarier med fönsterväggar. Därtill bjuds besökarna på dagliga utfordringsshower av de större havsdjuren, så som stingrockorna och hajarna. Området är mindre än Sea Life Ocean World i Bangkok – å andra sidan kan man kombinera besöket till Waghor med en rad andra aktiviteter, inte minst sightseeing. Provinshuvudstaden Prachuap Khiri Khan förbises ofta eftersom Cha-Am och Hua Hin har blivit de stora turistmålen. Men faktum kvarstår att Burma är precis runt knuten, stränderna långa och barnvänliga, golfbanorna billiga och alldeles i närheten ligger en nationalpark med vattenfall, grottor och mangroveträsk.

Vägbeskrivning: Till Waghor Aquarium/Prachuap Khiri Khan tar man sig lättast med minibuss eller lokalbuss från Hua Hin. Resan tar cirka en och en halv timme.

Öppettider: Dagligen 09.00 – 16.00.

Inträde: Vuxna 20 baht. Barn 10 baht.

PHUKET

Phuket är den största ön i Thailand och landskapet som täcker dess vidsträckta yta består av så väl mindre berg och ogenomtränglig djungel som långa stränder och hektiska städer. Många anser att Phuket är ett slags mikrokosmos av Thailand, och oavsett vad man är ute efter så kan man hitta det här.

Bredvid Phuket ligger dessutom några av de vackraste öarna i hela Andamansjön. Naturen i de omkringliggande nationalparkerna är minst sagt slående och har på många ställen lyckats motstå det stora inflödet av turister. Korallreven är fortfarande färgsprakande, fiskbeståndet varierat, djunglerna tätvuxna, vattenfallen rena och de vertikala kalkstensklipporna som skjuter upp ur det kristallblå havet som tagna ur en film.

Den andra sidan av Phuket är natt- och utelivet, shoppingen, krog- och pubkvällarna och allt annat högljutt, neonlysande och intensivt som vanligtvis förknippas med nöjesutbudet i klassiska semesterorter. I Phuket möts hela världen och det är lätt och bekvämt att tillbringa ett par veckor i denna del av Thailand. För servicen är utmärkt och lokalborna väl hemmastadda med turister.

Och om det finns lite tid att avvara ligger Koh Phi Phi och den svenska favoriten Koh Lanta bara någon timme bort med båt.

Djurshower

I Phuket, liksom i många andra turistområden i Thailand, finns det otaliga djurshower och mindre djurparker. Vissa av dem har en standard som är under all kritik där underhållningen anses vara viktigare än djurens välbefinnande. Detta innebär emellertid inte att *alla* djurshower faller inom denna kategori. I några fall har man på ideella och icke vinstdrivande elefantfarmar börjat med shower just för att balansera en budget som till största delen består av begränsade bidrag. I slutändan är det besökaren själv som måste avgöra om det handlar om djurplågeri eller inte. I Phuket kan man inte desto mindre hitta en lång rad shower, och om man bokar en tripp via de lokala resebyråerna så ingår ofta taxi till utflyktsmålet. Med undantag av de shower som listas i de följande sektionerna så kan man även besöka Phuket Monkey Show, Phuket Monkey School, Phuket Crocodile Show, Phuket Snake Farm, Phuket Cobra Show och Phuket Zoo.

Elefanttrekking

Phukets kustlinje består av kilometer efter kilometer av puderlik sand och barn- och badvänliga stränder. Inåt land däremot finns det regelrätta djungler och mindre berg, vilket lett till att ett stort antal turistbyråer ordnar med elefanttrekking. Alla former av elefanttrekking bokas på plats och vanligtvis ingår gratis transfer till och från gästernas hotell. Priset brukar ligga på omkring 1 000 baht per person. Vissa arrangörer erbjuder emellertid rabatt för barn och grupper och det kan vara tillrådligt att inspektera utbudet närmare innan man väljer vart man vill åka och vad man vill göra.

Escape Rooms i Phuket

Ett relativt nytt tillägg till Phukets alla turistattraktioner är "Escape the Room"-äventyret 30 Minutes to Escape. Detta koncept finns även i andra länder och de flesta arrangörer i Thailand är franchiseföretag av internationella bolag med en professionell och hög standard. Spelen går ut på att man ska lösa ledtrådar och nysta upp mysterier eller begångna brott i slutna rum. Man behöver inte oroa sig för att fastna på någon av ledtrådarna eftersom samtliga rum är utrustade med kameror, vilket medför att man kan be om hjälp. Man kan även välja mellan olika svårighetsgrader. Spänningsfaktorn är mycket hög och det gäller att samarbeta för att lista ut hur man ska gå vidare. Arrangören 30 Minutes to Escape finns dock enbart i Phuket.

Vägbeskrivning: Till 30 Minutes to Escape tar man sig lättast med eget fordon, tuk-tuk, taxi eller till fots. Aktiviteten ligger i Jungceylon Shopping Center i Patong.

Öppettider: Dagligen 10.00 – 21.30.

Inträde: Vuxna 690 baht. Barn 390 baht.

Fiske

Phuket är en ö och därmed finns det goda möjligheter till både fiske- och båtturer. Väljer man att bege sig ut med båt för att fiska bör man veta att detta gör sig bäst på högsäsongen mellan november och maj, det vill säga efter det att regnsäsongens monsuner dragit förbi. Vill man dessutom kombinera en tripp ut på havet med bad och snorkling så kan man åka till någon av de många småöarna i nationalparkerna runt omkring Phuket. Det finns en uppsjö av resebyråer i Phuket som ordnar med båtturer i kombination med andra aktiviteter. Väljer man sötvattensfiske däremot behöver man inte oroa sig för vädret utan kan fiska året runt. I Phuket finns det en handfull konstgjorda sjöar att välja mellan, men den kanske bästa och största är AC's Phuket Fishing Park. Här kan både nybörjare och proffs fiska eftersom sjön har delats upp i sektioner med arter i olika storleksklasser. De största kan väga upp emot 100 kilo.

Vägbeskrivning: Till AC's Phuket Fishing Park i Sawai Lake tar man sig lättast med eget fordon, tuk-tuk eller taxi. Parken ligger i norra Phuket. Från Phuket Town tar man väg 402, Thepkrasattri Road, till soi 30.

Öppettider: Tisdag till söndag 07.30 – 17.00.

Pris: Priset startar på 800 baht per person och stiger i förhållande till storleksklassen på fiskarna.

Forsränning: White Water Rafting

Så kallad White Water Rafting, det vill säga forsränning, är ett uppskattat inslag bland familjeaktiviteterna i Phuket. De flesta turer kommer i flera svårighetsnivåer, vilka kräver olika grader av uthållighet och skicklighet. Vissa delar av floderna passar hela familjen, medan andra enbart lämpar sig för de riktigt äventyrliga. Utflykterna kombineras ofta med bad i vattenfall och trevliga picknickar, och i andra fall med elefanttrekking eller djungeltrekking på fyrhjulingar. Ett uppskattat alternativ är forsränningen i den angränsande nationalparken Phang Nga, dit man måste ta sig med båt. Det finns många aktörer på marknaden, men de flesta ligger inom samma prisklass.

Öppettider: Året runt, dock beroende av väderleken.

Pris: White Water Rafting börjar på 800 – 1 000 baht per person. Rabatter erbjuds vid en kombination av aktiviteter, och det kan löna sig att jämföra priserna på plats mellan de olika arrangörerna.

Hästridning

Att rida i Thailand, vare sig det är på en djungeltrekk eller vid solnedgången på stranden, är något som brukar uppskattas av alla i familjen. I Phuket kan man hitta många mindre stall omkring de flesta av stränderna. Den största och mest seriösa är emellertid Phuket International Horse Club.

Phuket International Horse Club

Phuket International Horse Club erbjuder ridturer på stranden för både nybörjare och proffs. De har ett brett utbud av hästar och ponnyer för att passa ryttare av alla de slag. Hästklubben har öppet hela dagen, men de populäraste turerna är tidigt på morgonen eller sent på eftermiddagen runt solnedgången. Det ges även tillfälle att rida i, och utforska, Layan National Park. Därtill erbjuder klubben ridlektioner för ryttare på alla nivåer. Huvuddelen av ridturerna bokas och tar plats på Laguna Beach.

Vägbeskrivning: Till Laguna Beach i nordvästra Phuket tar man sig lättast med eget fordon, tuk-tuk eller taxi.

Öppettider: Dagligen 08.00 – 18.30.

Pris: Priset börjar på 1 timme för 1 000 baht. Privatlektioner 10 timmar för 7 700 baht.

Kids Club Phuket

Ibland kan det vara skönt att komma undan värmen, och då kan ett besök till The Kids Club Phuket i Kee Plaza vara något. The Kids Club är en mycket stor inomhuslekpark med allt från rutschkanor och trampoliner till bollhav och mindre fotbollsplaner och sportbanor. Området fullkomligen kryllar av aktiviteter och spel. Personal finns på plats, vilket innebär att barnen kan leka själva medan de vuxna hittar på något annat, vilket är lätt gjort eftersom The Kids Club ligger i ett modernt shoppingcentrum i centrala Patong. Man kan även boka fester och födelsedagskalas på The Kids Club, där personalen ordnar med så väl ballonger och tårtor som lek och spel.

Vägbeskrivning: Till The Kids Club Phuket tar man sig lättast till fots eller med taxi och tuk-tuk. Lekplatsen upptar en stor del av ett helt våningsplan i Kee Plaza, som ligger på gångavstånd från Patong Beach.

Öppettider: Dagligen 10.00 – 21.00.

Inträde: Hela dagen för 350 baht. 1 timme för 200 baht.

Minigolf i Phuket

Det finns flera roliga och annorlunda alternativ om man känner för att spela minigolf i Phuket.

Minigolf at Dino Park

Minigolf at Dino Park är en 18-hålsbana som är så mycket mer än bara minigolf – det är en hel upplevelse. Området är byggt i form av en temapark med tätvuxen natur och dinosaurier som både rör sig och låter. Det finns till och med ett tolvmeterhögt vattenfall och en låtsasvulkan som får utbrott var trettionde minut. Stämningen förhöjs ytterligare av rökmaskiner och ljud- och ljuseffekter. Detta innebär att ett besök till Minigolf at Dino Park är som roligast efter solnedgång. Ät gärna middag på områdets restaurang, som följer dinosaurietemat med sin inredning och stil, vilket inkluderar personalens klädsel.

Vägbeskrivning: Till Minigolf at Dino Park tar man sig lättast med eget fordon, tuk-tuk eller taxi. Minigolf at Dino Park ligger på Beach Road mellan Kata Beach och Karon Beach.

Öppettider: Dagligen 10.00 – 23.00.

Pris: 240 baht för vuxna och barn över 12 år. 180 baht för barn 4 – 12 år.

Football Crazy Golf

En alternativ form av minigolf är Football Crazy Golf. Precis som på en riktig bana består rundan av arton hål, skillnaden är bara den att man använder fotbollar istället för golfbollar. Banan ligger dessutom mycket bra till och en utflykt till Football Crazy Golf kombineras lätt med andra aktiviteter i närområdet, exempelvis Tiger Kingdom eller Patong Go-Cart Speedway.

Vägbeskrivning: Till Football Crazy Golf tar man sig lättast med eget fordon, tuk-tuk eller taxi. Banan ligger längs med väg 4029, Vichitsongkram Road, som startar vid Patong Beach.

Öppettider: Dagligen 09.00 – 19.00.

Pris: Vuxna 700 baht. Barn 400 baht.

Phuket Adventure Minigolf

Phuket Adventure Minigolf är en puttingbana som passar både stora och små. Banorna är väl underhållna och golfen håller en hög standard. Området är dessutom vackert och restaurangen mycket trevlig, vilket gör att en runda gärna kombineras med lunch eller middag. Banorna ligger strax intill stranden och efter ett par omgångar kan man alltid svalka av sig med ett dopp i havet.

Vägbeskrivning: Till Phuket Adventure Minigolf tar man sig lättast med eget fordon, tuk-tuk eller taxi. Banan ligger vid Bangtao Beach på Bangtao Beach Road soi 2.

Öppettider: Dagligen 11.00 – 23.00.

Pris: Vuxna spelar hela dagen för 700 baht. Barn spelar hela dagen för 500 baht.

Museer i Phuket

Ibland kan det bli lite för mycket av sol, sand, bad och trekking och då kan det vara skönt att göra något annat. I Phuket finns det tre större museer, och de alla är antingen gratis eller har mycket låga entréavgifter.

Thalang National Museum

På Thalang National museum kan man ta del av Phukets och Andamankustens historia, vilket inkluderar intressanta utställningar om de olika etniska grupperna som har utgjort och fortfarande utgör Phukets multikulturella befolkning.

Phuket Mining Museum i Kathu

Förr i tiden var Phuket en viktig knutpunkt för landets gruvdrift och tennproduktion. Det hårda arbetet utfördes ofta av inflyttad kinesisk arbetskraft. På Phuket Mining Museum har man återskapat dåtiden med imponerande utställningar som sträcker sig från miniatyrfigurer i realistiska landskap till dockor i naturlig storlek.

Phuket Seashell Museum

På Phuket Seashell Museum har man samlat några av de mest eftertraktade och värdefullaste snäckorna i världen. Därtill finns det pärlutställningar – med bland annat världens största pärla – fossiler från olika tidsperioder samt enorma snäckor på uppemot 140 kilo. Souvenirbutiken är till på köpet ovanligt intressant och lockande!

Paramotor Flying Phuket

Något av det mest spännande man kan göra i Phuket är att flyga så kallad Paramotor. En Paramotor är ett litet trehjuligt mikroplan med en propeller bakpå och en stor fallskärm i selar ovanpå. Med hjälp av propellern lyfter planet från startbanan och segelflyger sedan på önskad höjd. Paramotor Flying anses vara ett av de säkraste sätten att flyga eftersom farten är låg och höjden begränsad. Frasen "Flying Low and Slow" summerar det hela väl. På Paramotor Flying Phuket arbetar enbart kvalificerad personal som certifierats av både europeiska och amerikanska organisationer. Själva flygningen går till så att man är två i det lilla planet, den betalande gästen samt flyginstruktören som manövrerar farkosten. Man behöver ingen tidigare träning eller erfarenhet och det finns ingen åldersgräns. Aktiviteten är öppen för alla som inte lider av höjdskräck.

Vägbeskrivning: Till Phuket Airpark tar man sig lättast med eget fordon, tuk-tuk eller taxi. Kontoret Sky Club Asia ligger drygt 20 kilometer norr om Phuket Town. Följ väg 402 till väg 4027 och fortsätt sedan i ett par kilometer till. Phuket Airpark ligger på höger sida.

Öppettider: Dagligen från morgon till kväll.

Pris: Standardtur med instruktör kostar 4 600 baht per person.

Patong Go-Kart Speedway

På Patong Go-Kart Speedway finns det fordon som passar alla i familjen. Den minst kraftfulla har en toppfart av 40 km i timmen medan de största kan pressas upp i hela 110 kilometer i timmen. Det finns även gokarts med passagerarsäten så att de minsta i familjen kan följa med på turen. Banan är 750 meter lång och i mitten av den ligger en restaurang, vilket gör att man har full uppsikt över vad som händer. Som en bonus har man även byggt en 600 meter lång off road-bana för så kallade Beach Buggies, det vill säga små strandjeepar med stora däck, där man kör genom all möjlig fast och blöt terräng. Även denna aktivitet riktar sig till så väl nybörjare som mer vågade förare. Det anordnas dessutom tävlingar på Patong Go-Kart Speedway som vem som helst kan ställa upp i.

Vägbeskrivning: Till Patong Go-Kart Speedway tar man sig lättast med eget fordon, tuk-tuk eller taxi. Banan ligger längs med väg 4029, Vichitsongkram Road, som startar vid Patong Beach.

Öppettider: Dagligen 10.00 – 19.00.

Pris: En runda på 15 minuter börjar på 800 baht.

Phuket Aquarium

Phuket Aquarium genomgick nyligen en större renovering och har efter det blivit så mycket mer än bara ett akvarium. Nu kan de stoltsera med ett brett utbud av aktiviteter, utställningar och inte minst en glastunnel där man kan få se hajar, stingrockor och andra stora havsdjur på bara ett par centimeters avstånd. Phuket Aquarium samarbetar dessutom med Phuket Marine Biological Center (PMBC), och efter ett besök till själva akvariet kan man fortsätta längs med ett promenadstråk för att se arbetet PMBC utför. I ett av områdena vid promenadstråket föder de till exempel upp utrotningshotad fisk och på ett annat ställe har de anlagt enorma pooler för jätteskölpaddor, vilka senare ska släppas ut i det fria. I närheten ligger även ett forskningsskepp som tillhör PMBC och på vilket man kan gå ombord för att lära sig mer om hur man fångar, föder upp och släpper ut olika havsdjur.

Vägbeskrivning: Till Phuket Aquarium tar man sig lättast med eget fordon, tuk-tuk eller taxi. Området ligger söder om Phuket Town, i slutet av Cape Panwa, längs med väg 4129.

Öppettider: Dagligen 08.30 – 16.30.

Inträde: Vuxna 180 baht. Barn 100 baht.

Phuket Bird Park

På Phuket Bird Park finns det fågelarter i varierande storlekar, former och färger från flera kontinenter. Området är stort och öppet och erbjuder tillfälle till så väl fotografering med fåglarna som att mata dem själva, vilket är synnerligen uppskattat av barnen eftersom många av de mindre arterna är mycket närgångna och praktiskt taget klättrar över besökarnas armar, axlar och huvuden för att komma åt fröna. En av höjdpunkterna är de dagliga showerna där olika fåglar utför komplicerade tricks, konster och uppdrag.

Vägbeskrivning: Till Phuket Bird Park tar man sig lättast med eget fordon, tuk-tuk eller taxi. Parken ligger mittemellan Kata/Karon Beach och Phuket Town, längs med väg 4021, Chao Fah Tawan Tok Road.

Öppettider: Dagligen 09.00 – 17.00.

Inträde: 500 baht för vuxna. 300 baht för barn under 12 år.

Phuket FantaSea

I närheten av Kamala Beach ligger Phuket FantaSea, som motsägelsefullt nog marknadsförs som den ultimata kulturparken i sann Las Vegas-stil. Huvudattraktionen på detta spektakulära parkområde i centrala Kamala är en gigantisk show med elefanter, akrobater och flera hundra artister som iscensätter en storslagen föreställning om Thailands historia på en färgsprakande och extravagant scen. Showerna är på kvällstid, men innan dess kan man avnjuta en förstklassig buffé i en av världens största restauranger. På området har man även anlagt The Similian Entertainment Center, vilket är en undervattensarkad med spel och nöjen, samt marknadsgatan Carnival Village Shopping Street. Därtill finns det ett så kallat teatersafari med imponerande ljud-, ljus- och bildeffekter. Phuket FantaSea är bland det största och mest storslagna man kan se i kabaréväg och rekommenderas varmt som kvällsunderhållning efter en lång dag på stranden.

Vägbeskrivning: Transport till och från valfritt hotell kostar 300 baht per person. För boende i närheten av Kamala beach kan man gå eller åka tuk-tuk.

Öppettider: Alla dagar, förutom torsdagar, 17.30 – 23.30.

Pris för show: 1 800 baht per person.

Pris för show plus buffé: 2 200 baht för vuxna. 2 000 baht för barn (4 – 12 år).

Phuket Trickeye Museum

Phuket Trickeye Museum är, liksom Art in Paradise i Bangkok och Chiang Mai, ett galleri med interaktiva 3D-målningar, fast då inte hologram, utan i form av faktiska konstverk. Vad det handlar om är att skapa illusionen av att betraktaren stiger in i motivet. Målningarna är mycket stora, täcker i många fall hela väggar och halva golv, och erbjuder makalösa fotomöjligheter där man själv så att säga blir en del av kompositionen.

Vid flera av väggtavlorna finns det även instruktioner om hur man bör placera sin kropp för att på bästa möjliga sätt skapa illusionen av att befinna sig inuti själva tavlan. Synvillorna är fantastiska och kommer att få hela familjen att fascineras över slutresultaten. Man skulle kunna säga att samtliga målningar på Phuket Trickeye Museum är ofullständiga fram till dess att någon tar del av dem.

Vägbeskrivning: Till Phuket Trickeye Museum i Phuket Town tar man sig lättast till fots eller med tuk-tuk och taxi. Utställningen ligger i hörnet av Montri och Phang Nga Road, bredvid Pearl Hotel.

Öppettider: Dagligen 10.00 – 19.00 (sista insläpp 18.00).

Pris: 450 baht för vuxna. 270 baht för barn (under 130 cm).

Shoppingcentrum

I Phuket finns det flera moderna shoppingcentrum, men det är bara två som kan erbjuda ett varierat utbud av aktiviteter för både vuxna och barn.

Jungceylon Shopping Mall

Jungceylon Shopping Mall är det nyaste, största och helt klart mest fashionabla shoppingcentrumet i hela södra Thailand med dagliga ljus-, ljud- och vattenshower. Här kan man tillbringa hela dagen, och inte minst kvällen, då det finns många barer, restauranger, nattklubbar och konsertscener. Därtill kan man på Jungceylon Shopping Mall hitta bowling, bio, 4D-bio, spelarkader, fiskspa, massage och mycket, mycket mer. För de mindre barnen finns Molly Fantasy, vilket är ett stort lekland med utbildad personal. Molly Fantasy har dessutom flera filialer i Bangkok, där en av de största ligger i shoppingcentrumet Gateway Ekkamai.

Vägbeskrivning: Till Jungceylon Shopping Mall, som ligger i centrala Patong, tar man sig lättast till fots eller med taxi och tuk-tuk.

Öppettider: Dagligen 10.00 – 23.00.

Central Festival Phuket

Central Festival är något äldre än Jungceylon, men ändå modernt nog med goda shoppingmöjligheter och många biografer, spelarkader, bowlinghallar och restauranger. På ett av de fyra våningsplanen har man även byggt något som kallas för Eduplanet at Central Festival. På Eduplanet finns det mycket att göra för barn som är kreativa och tycker om att skapa och pyssla. Några av de större skaparverkstäderna är Hands On Art Studio och Lekanoi Craftz. Här kan man även hitta ett brett utbud av aktiviteter för de som är intresserade av musik, sång och dans.

Vägbeskrivning: Till Central Festival Phuket tar man sig lättast med eget fordon, tuk-tuk eller taxi. Området ligger väster om Phuket Town vid korsningen mellan väg 4020 och 402.

Öppettider: Dagligen 10.30 – 22.00.

Siam Niramit Show

En av världens största shower är Siam Niramit, som finns i både Phuket och Bangkok. Över hundra artister deltar i föreställningen och över fem hundra kostymbyten hinner ta plats. Showen i sig handlar om Thailand och består av tre akter. I akt 1 får man lära sig om de fyra olika områdena Thailand delats upp i och hur de har utvecklats under de senaste sju hundra åren. I akt 2 gestaltas thailändska trossystem, myter och folksägner. Och i akt 3 får man ta del av alla de festivaler och högtider som utgör kärnan i vad man skulle kunna kalla traditionell thailändsk kultur. Det är dock inte tal om några tråkiga timmar i en ordinär teatersalong, utan Siam Niramit är pepprad med storslagna scener fyllda av specialeffekter och påkostad rekvisita. Tre timmar innan varje föreställning erbjuds det dessutom tillfälle att själv testa på olika thailändska traditioner, så som att spela på klassiska instrument, göra batik och baka lokala delikatesser.

Vägbeskrivning: Till Siam Niramit tar man sig lättast med företagets egen hotelltransfer. Teatern ligger drygt 8 kilometer norr om Phuket Town mellan väg 402 och 3001.

Öppettider: Dagligen 20.00. Föreställningen varar i drygt 80 minuter. Övriga aktiviteter på teaterområdet startar 17.30.

Inträde: 1 500 – 2 000 baht för enbart biljett till showen. Show tillsammans med middag kostar 1 720 – 2 350 baht.

Splash Jungle Water Park

Den största vattenparken i södra Thailand är Splash Jungle Water Park. Området täcker en mycket stor yta och består av sammanlagt tolv olika vattenrutschkanor, varav några är riktigt branta, snabba och inte minst annorlunda. Därtill finns det ett flertal stora pooler, vilket inkluderar en vågpool. Liksom på många andra vattenparker i Thailand har man även här anlagt en så kallad Lazy River, på nästan 400 meter, där man kan driva runt på badringar i lätta strömmar och bara koppla av. För de yngre barnen finns det lekställningar med rutschkanor, vattenkanoner, fontäner och annat kul. Tröttnar man på poolvattnet så ligger stranden och havet bara ett stenkast bort.

Vägbeskrivning: Till Splash Jungle Water Park tar man sig lättast med eget fordon eller parkens minibuss. Splash Jungle Water Park ligger norr om flygplatsen, intill Centara Grand West Sands Resort vid Mai Khao Beach.

Öppettider: Dagligen 10.00 – 18.00.

Inträde: 1 295 baht för vuxna. 650 baht för barn 5 – 12 år. Gratis inträde för barn under 5 år.

Surf House Phuket

Bredvid Kata Beach ligger Surf House Phuket, där man kan surfa varje dag utan att behöva oroa sig över vädret. Surfmaskinen på Surf House Phuket är den största och nyaste i södra Thailand. Utformningen på den sluttande poolen kan även ställas in för att passa både nybörjare och proffs – lägsta rekommenderad ålder är dock 6 år. Det är även möjligt att byta ut surfbrädan mot en bodyboard, vilket brukar vara populärt bland barnen. I och med att Surf House Phuket ligger precis vid stranden så kan man kombinera surfandet med bad och strandlek. Utöver själva surfmaskinen utgör stället i sig ett trevligt utflyktsmål eftersom man har försökt att återskapa en genuin kalifornisk stämning, vilket inbegriper interiören, för att inte nämna den amerikanska matsedeln.

Vägbeskrivning: Till Surf House Phuket tar man sig lättast med eget fordon, tuk-tuk eller taxi. Surf House Phuket ligger bredvid stranden vid den södra änden av Kata Beach.

Öppettider: Dagligen 10.00 – midnatt.

Pris: Registreringsavgift 200 baht. Surfa från 800 baht per timme (mängdrabatt erbjuds).

Tiger Kingdom Phuket

I Phuket ligger Tiger Kingdom, vilket är en filial av Tiger Kingdom i Ubon Rachathani i nordöstra Thailand, som där går under namnet Ubon Zoo. På Tiger Kingdom i Phuket lever ett stort antal tigrar som har fötts upp på plats. Varje tiger har tagits om hand av en personlig tränare, vilket medför vissa etiska frågeställningar eftersom de då inte kan släppas ut i det fria vid vuxen ålder. Tigrarna på Tiger Kingdom är så pass tama att man som besökare kan gå in i deras inhägnader för att klappa och ta foton. Det är ett stort område med många besökare och därför bokar man enbart de inhägnader man vill besöka, och då i tio minuter åt gången. De större tigrarna kan vara skrämmande för barn medan tigerungarna är lika busiga och lekfulla som vanliga huskatter. Tränarna är på plats, vilket känns betryggande eftersom det inte finns något stängsel som skiljer en från djuren när man väl har stigit in i inhägnaderna.

Vägbeskrivning: Till Tiger Kingdom Phuket tar man sig lättast med eget fordon, tuk-tuk eller taxi. Parken ligger längs med väg 4029, Vichitsongkram Road, som startar vid Patong Beach.

Öppettider: Dagligen 09.00 – 18.00.

Inträde: Priset baseras på tigrarna man vill träffa och startar runt 800 baht per person. Mängdrabatt erbjuds.

För närvarande gäller följande villkor:
1) besökaren måste vara 18 år och minst 160 cm lång för att träffa de stora tigrarna.
2) besökaren måste vara 17 år och minst 160 cm lång för att träffa de mellanstora tigrarna.
3) besökaren måste vara 16 år och minst 140 cm lång för att träffa de små tigrarna.
4) besökaren måste vara minst 120 cm lång för att träffa babytigrarna.

Uppochnedvända huset: Baan Teelanka

I Phuket Town ligger ett spännande, roligt och något udda utflyktsmål, nämligen ett komplett uppochnedvänt hus, som dessutom kommer med en komplicerad trädgårdslabyrint och två mindre "Escape the room"-

banor. Baan Teelanka är precis vad beskrivningen säger att det är: ett hus som byggts med taket vilande mot marken och golvet stickande upp mot himlen. Det erbjuds många galna fototillfällen och skratt och under ett besök hinner man göra allt utan att stressa. "Escape the room"-banorna tar cirka 30-60 minuter, och den stora labyrinten på bakgården klarar man av på drygt 10-15 minuter. Hjälp finns att tillgå på båda aktiviteterna om man fastnar och inte kommer vidare.

Vägbeskrivning: Till Uppochnedvända huset Baan Teelanka tar man sig lättast med eget fordon, tuk-tuk eller taxi. Baan Teelanka ligger någon kilometer norr om Phuket Town på väg 402, mellan Siam Niramit och Premium Outlet.

Öppettider: Dagligen 10.00 – 18.00.

Inträde Uppochnedvända huset: Vuxna 290 baht. Barn 170 baht.

Inträde A-Maze-in-Phuket/Labyrinten: Vuxna 150 baht. Barn 100 baht.

Wakeboarding

Wakeboarding är ett slags system för vattenskidor med en bräda som liknar en mindre snowboard. Man följer inte efter en båt utan åker via ett upphöjt kabelsystem som är kopplat till ett handtag i en vajer. Trots att det inte krävs någon som helst tidigare erfarenhet kan det vara för fysiskt påfrestande för de yngsta i familjen. I Phuket finns det två stora arrangörer av wakeboarding.

Phuket Wake Park

Phuket Wake Park håller en mycket hög standard och marknadsför sig som den bästa wakeboardparken i Asien. Det 700 meter långa kabelsystemet låter wakeboardåkaren komma upp i hastigheter på hela 30 km i timmen. Banorna har anpassats till både nybörjare och proffs och vill man ha utmaningar finns det åtskilliga hinder och hopp att ta sig runt och över. På området ligger en stor restaurang med swimmingpool där man kan bada före och efter åken. Parken har dessutom ett eget hotell med bungalows.

Vägbeskrivning: Till Phuket Wake Park tar man sig lättast med eget fordon, tuk-tuk eller taxi. Parken ligger i slutet av soi Namtok Kathu, som man når via väg 4029, Vichitsongkram Road.

Öppettider: Dagligen 07.30 – 22.00.

Pris: För barn och nybörjare börjar priset på 300 baht. Heldag 800 baht. För vuxna börjar priset på 650 baht. Heldag 1 600 baht. Utrustning ingår i priset.

Anthem Wake Park

Wakeboardparken Anthem anses vara unik dels för att kabelsystemet rör sig medurs, och dels för att sjön är naturlig. Färskvattnet innehåller inga som helst kemikalier och fylls på kontinuerligt från de närliggande kullarna och bergen. För närvarande finns det två kabelsystem, ett för nybörjare och ett för proffs. Nybörjarbanan är något kortare medan den för proffs är 647 meter lång med åtskilliga hinder och hopp. Anthems ambitioner är höga och inför framtiden planerar man att attrahera eliten inom sporten.

Vägbeskrivning: Till Anthem Wake Park tar man sig lättast med eget fordon, tuk-tuk eller taxi. Parken ligger mittemellan flygplatsen och Phuket Town. Ta väg 402 till korsningen med väg 4025, Si Sunthon Road. Sväng in på väg 4025 västerut, sväng sedan söderut vid The Manic Temple Gate.

Öppettider: Dagligen 09.00 – 18.30.

Pris barn: 2 timmar för 400 baht. 4 timmar för 600 baht. Hela dagen för 750 baht.

Pris vuxna: 2 timmar för 800 baht. 4 timmar för 1 200 baht. Hela dagen för 1 500 baht. Avgift för utrustning tillkommer.

Linbanor: Flying Hanuman & Phuket Xtream Adventures Park

Ziplining är en aktivitet som har blivit allt större i Thailand under senare år. I Phuket, som består av stora djungelområden, finns det flera linbanor där man tar sig fram från trädtopp till trädtopp via plattformar och tåliga vajrar som man hakar fast sig i med hjälp av ett harnesk. Det kan verka skrämmande, i synnerhet när man seglar genom luften i flera hundra meter, men säkerhetssystemet håller en hög standard och aktiviteten passar faktiskt alla. De två största arrangörerna i Phuket är The Flying Hanuman och Phuket Xtream Adventures Park. Den sistnämnda har delbanor som är anpassade för mycket små barn och till en bråkdel av kostnaden.

Vägbeskrivning: Till The Flying Hanuman tar man sig lättast med eget fordon, tuk-tuk eller taxi. Området ligger längs med vägen mot Kathu Waterfalls på Soi Namtok Kathu, som man kommer till från väg 4029, Vichitsongkram Road.

Öppettider: Dagligen 08.00 – 18.00.

Pris: Priset startar på 2 000 baht per person.

Vägbeskrivning: Till Phuket Xtream Adventures Park tar man sig lättast med företagets egen taxiservice. Parken ligger mellan Karon Beach och Phuket Town på Jaofa Road, som man svänger in på från väg 4021.

Öppettider: Dagligen 09.00 – 18.00.

Pris: För barn från 900 baht per person. För vuxna från 1 900 baht per person.

Zoorbing at Rollerball

En så kallad zorb, eller rollerball, är en gigantisk, uppblåsbar boll med utrymme i mitten för en eller två personer och i vilken man kan rulla fram över både land och vatten. Denna aktivitet kan man stöta på lite överallt i Thailand. På Zoorbing at Rollerball vid Kalim Beach, strax intill Patong, har man emellertid byggt världens längsta bana. Bollarna är inte heller ordinära utan kommer i alla möjliga olika stilar och storlekar. Vill man inte åka själv så finns det alltid tandembollar. Eller varför inte ta en zorbboll med vatten som man kan plaska runt i medan man rullar nedför den hiskeligt långa banan.

Vägbeskrivning: Till Zoorbing at Rollerball på soi 7 Kalim Beach tar man sig lättast med eget fordon, tuk-tuk eller taxi. Bor man långt ifrån Patong och Kalim Beach kan företaget ordna med gratis transfer.

Öppettider: Dagligen från 10.00 till sent.

Pris: Priset startar på 950 baht per person. Stora rabatter erbjuds vid flera åk.

Öliv

I Phuket erbjuds det åtskilliga spännande alternativ för de i familjen som är intresserade av dykning, surfing eller snorkling. På plats kan man boka allt från längre utbildningar för att få dykcertifikat till kortare dagsturer med båt. Ett av de vackraste områdena att dyka och snorkla i är omkring Phang Nga Bay med alla dess undervattensgrottor och kalkstensklippor.

Kajakpaddling är ett annat populärt sätt att utforska de omkringliggande öarna. Och det finns många öar att utforska: Surin Island, Similan Island, Coral Island, Racha Island, Coconut Island, Koh Yao Nai, Koh Phi Phi, Koh Lone, Koh Sirey och Koh Khai Nok. Vad man dock bör ta i beaktande är att många av dessa aktiviteter är stängda under monsunsäsongen.

www.ingramcontent.com/pod-product-compliance
Lightning Source LLC
Chambersburg PA
CBHW071010080526
44587CB00015B/2409